Les escapades de Jean O'Neil

DU MÊME AUTEUR

JE VOULAIS TE PARLER DE JEREMIAH, D'OZÉLINA ET DE TOUS LES AUTRES...,
  HMH, 1967; Libre Expression, 1994.
LES HIRONDELLES, HMH, 1973; Libre Expression, 1995.
CAP-AUX-OIES, Libre Expression, 1980, et 1991 en édition illustrée.
GIRIKI ET LE PRINCE DE QUÉCAN, Libre Expression, 1982.
MONTRÉAL BY FOOT, Les Éditions du Ginkgo, 1983.
OKA, Les Éditions du Ginkgo, 1987.
PROMENADES ET TOMBEAUX, Libre Expression, 1989, et 1996 en édition
  illustrée.
GABZOU, Libre Expression, 1990.
L'ÎLE AUX GRUES, Libre Expression, 1991.
LISE ET LES TROIS JACQUES, Libre Expression, 1992.
GÉOGRAPHIE D'AMOURS, Libre Expression, 1993.
BONJOUR, CHARLES!, Libre Expression, 1994.
LE FLEUVE, Libre Expression, 1995.
LADICTE COSTE DU NORT, Libre Expression, 1996.
STORNOWAY, Libre Expression, 1996.
LES TERRES ROMPUES, Libre Expression, 1997.
CHÈRE CHAIR, Libre Expression, 1998.
LES MONTÉRÉGIENNES, Libre Expression, 1999.
HIVERS, Libre Expression, 1999.

Collectifs

POÈMES, dans *Imagine...*, science-fiction, littératures de l'imaginaire, n° 21
  (vol. V, n° 4), avril 1984.
LE TEMPS D'UNE GUERRE, récit, dans *Un été, un enfant*, Québec Amérique,
  1990.
L'AMOUR DE MOY, récit, dans *Le Langage de l'amour*, Musée de la Civili-
  sation, 1993.
GILLES ARCHAMBAULT, collection Musée populaire, Éditions Ciel
  d'images, Québec, 1998.
LES ESCALIERS DE MONTRÉAL, album photographique de Pierre Philippe
  Brunet, Hurtubise HMH, Montréal, 1998.

Théâtre (non publié)

LES BONHEURS-Z-ESSENTIELS, Théâtre de l'Estoc, 1966.
LES BALANÇOIRES, Théâtre de Quat'Sous, 1972.

JEAN O'NEIL

Les escapades de Jean O'Neil

Libre Expression

Libre Expression

Données de catalogage avant publication (Canada)

O'Neil, Jean

Les escapades de Jean O'Neil

ISBN 2-89111-887-1

I. Titre.

PS8529.N3E82 2000   C843'.54   C00-940307-8
PS9529.N3E82 2000
PQ3919.2.O53E82 2000

L'auteur et l'éditeur remercient le magazine Géo Plein Air de leur avoir accordé la permission de reproduire ces textes.

Maquette de la couverture
France Lafond

Infographie et mise en pages
Sylvain Boucher

Libre Expression remercie le gouvernement canadien
(Programme d'aide au développement de l'industrie de l'édition),
le Conseil des Arts du Canada et la Société de développement
des entreprises culturelles du soutien accordé à
ses activités d'édition dans le cadre de leurs programmes
de subventions globales aux éditeurs.

Éditions Libre Expression
2016, rue Saint-Hubert
Montréal (Québec) H2L 3Z5

Dépôt légal :
1er trimestre 2000

ISBN 2-89111-887-1

À l'équipe de
Géo Plein Air
ainsi qu'à
Ottorino Respighi
pour le vibrato des violons
dans
Les Pins de Rome

TABLE DES MATIÈRES

Présentation

Au début de 1995, le magazine *Géo Plein Air* passait aux mains de Pierre Hamel, déjà éditeur de *Vélo Mag*, aux Éditions du Tricycle, et avec son rédacteur en chef, Simon Kretz, il en faisait une toute nouvelle aventure, une merveilleuse aventure qui dure depuis cinq ans.

En février de cette année-là, ils organisèrent un lancement pour leur premier numéro et je reçus un coup de fil de Simon Kretz m'invitant à y être, car il voulait m'offrir une collaboration. Je ne connaissais ni le magazine, ni Simon Kretz, ni Pierre Hamel, mais sans doute étaient-ils fort connus, car on se marchait sur les pieds dans la salle pourtant grande. Ne connaissant personne et n'étant connu d'à peu près personne, je pris le premier numéro, me rangeai contre un mur et me mis à le lire.

Arrivèrent deux charmantes dames qui se cherchaient une place dans le brouhaha, et, comme il restait un bout de mur près de moi, elles vinrent s'y réfugier. Qui étais-je et qui étaient-elles? Josée Caron, directrice de la production, et Josée Charron, infographiste du magazine. Qu'est-ce que je faisais là?

— Je l'ignore. Je suis venu à la demande de Simon Kretz. Pouvez-vous me dire où il est?

— Il est dans son bureau avec M. Hamel. Ils vont descendre bientôt. Tiens, les voici! Simon Kretz, c'est le blond.

Laïus de M. Hamel, rafraîchissements et bouchées, retrouvailles avec Pierre Trudel, alors au ministère du Tourisme, puis dans un moment d'accalmie et d'audace, j'abordai Simon Kretz pour lui dire que j'étais là, que je n'étais pas pressé et que je l'attendrais. J'attendis bien une heure tellement la salle était enthousiaste et Simon Kretz occupé. Enfin, il m'invita à son bureau, qui était celui de Pierre Hamel, car le sien n'a pas de porte.

— Nous allons publier six numéros par année et nous aimerions vous confier une chronique d'une page dans chaque numéro. La chronique s'intitulerait GRANDEUR NATURE.

Je ne crois pas que la rencontre ait duré quinze minutes. On s'entendit sur le format et j'acceptai sans un mot la rémunération qu'il m'offrait. Il avait besoin du premier texte dans deux semaines. Je lui annonçai que le sujet serait «Les sous-bois d'avril». Poignée de mains et bonsoir, mon Pit!

Voilà cinq ans que ça dure et, de toute ma vie, je n'ai jamais eu autant de plaisir à travailler qu'avec et pour ces gens-là. J'ai déjeuné une fois avec Pierre Hamel et Simon Kretz. Pour le reste, c'est tout juste si je les vois deux fois par année, un petit cinq minutes, quand je vais porter mon texte le jour, car j'y vais surtout la nuit tant me plaît la circulation dans les rues de Montréal.

C'est mon éditeur et ami André Bastien, des Éditions Libre Expression, ou son épouse Carole

Levert, peut-être, qui a eu l'idée de rassembler ces trente textes en un volume, «un livre d'été», m'avait-il dit.

J'ignore tout des tractations entre les deux éditeurs et n'en veux rien savoir, mais je suis fort heureux de pouvoir offrir ces chroniques à un lectorat élargi et j'en remercie chaleureusement ces joyeux compères.

Il m'a semblé utile d'associer chaque chronique au moment de sa parution, parfois un mois, parfois une saison, car certaines font référence à des événements très précis dans le temps. Ces indications sont celles qui paraissent sur le magazine lui-même.

Enfin, un double remerciement à Simon Kretz qui, Dieu merci!, prend un malin plaisir à changer le titre de mes chroniques. À deux exceptions près, tous les titres sont de lui.

Et j'allais oublier d'ajouter que, bien au-delà de ma participation, *Géo Plein Air* est toujours un moment de grâce que je dévore d'une couverture à l'autre.

Goûtez-y pour voir.

Jean O'Neil
Février 2000

Les sous-bois d'avril

Parce que brève et passagère, la nudité est un moment privilégié d'observation.

En plein air, cela se passe en avril.

Avril offre toujours une merveille, une merveille fugace : la forêt sans neige et sans feuilles. Du sol jusqu'à la plus haute branche, la forêt nue, transparente, se prête à des explorations minutieuses qu'elle ne permettra plus ensuite malgré les splendeurs diverses des saisons.

C'est le temps d'aller au bois pour prendre la vraie mesure des ruisseaux, pour examiner de plus près des ruines envahies par la végétation, pour étudier des pierres et des rochers étranges, pour identifier les arbres à leurs bourgeons et à la texture de leur écorce, pour escalader collines et montagnes sans l'embarras de la neige et avec pleine vue sur les horizons qui les encerclent.

Les animaux eux-mêmes n'ont plus de cachette s'ils sortent de leur terrier. On les voit comme ces renardeaux, qui jouent sur le talus, devant leur mère qui ne joue pas, et qui plongent dans le trou à la moindre alerte. La gélinotte[1] voudra rester immobile

---

1. « Perdrix », pour les indigènes, dont je suis.

à l'approche du marcheur, se camouflant parmi les feuilles mortes, mais, au dernier moment, elle s'envolera en grandes pompes dans un beau froufrou. Le bruant à gorge blanche est évidemment arrivé avant nous et, même s'il chante «Cache ton c(ou?) Frédéric, Frédéric, Frédéric!», il n'a pas d'endroit pour le faire.

Et il y a les merveilleux absents : la sale engeance de la «moustiquaille», maringouin, brûlot ou frappe-abord.

Mais la véritable splendeur des sous-bois d'avril, c'est le tapis floral qui tisse ses couleurs à travers la jonchée de feuilles mortes. Le moment dépend des dernières rigueurs de l'hiver et des premières ardeurs du printemps, mais il varie aussi avec les latitudes. Pendant cinq ou six semaines, un observateur patient pourrait voir le même spectacle en se déplaçant sur une oblique parallèle au Saint-Laurent ou sur une verticale qui irait du lac Memphrémagog au lac Saint-Jean.

Le signal est généralement donné par le tussilage ou pas-d'âne, cette espèce de petit pissenlit échevelé qui fleurit même dans les terrains vagues de nos villes. Dès ce signal, il faut courir au bois.

Si elles ne sont pas encore en fleur, la sanguinaire et l'érythrone ont déjà percé le tapis avec l'alène du bout de leur feuille. L'érythrone est grégaire et ses feuilles oblongues, picotées de brun, couvrent de vastes étendues. Plus solitaire, la sanguinaire s'enveloppe de sa feuille unique comme d'une cape. Le latex de sa racine fournit un amusant barbouillage aux enfants. Il y aura également l'hépatique, d'un beau mauve, le gingembre sauvage avec sa fleur pourpre, cachée près du rhizome parfumé, les joyeuses colonies de claytonies, la dicentre ou «culottes du bonhomme», la dentaire, les trilles magnifiques, les uvulaires en clochettes, l'épigée ou fleur de mai et les violettes coquettes.

Mieux vaut ne pas cueillir les fleurs d'avril et de mai. Elles se gardent mal en bouquet, et le véritable plaisir est de noter la date et le lieu de leur rencontre dans le livre qui nous a permis de les identifier. Car si la liste semble savante ou fastidieuse, l'identification est la simplicité même, avec le premier manuel venu.

Au fil des ans, ce livre devient l'almanach, le petit atlas de nos printemps et on y lit, au hasard de chaque retrouvaille : l'île aux Grues le 31.04.72, Sainte-Pétronille le 28.04.74, Sutton le 16.04.78, l'île des Sœurs le 15.04.80, Rawdon le 19.04.83, l'arboretum Morgan le 26.04.87, Mansonville le 20.04.90, Covey Hill le 28.04.94...

Ce livre précieux se consulte de préférence en forêt, devant une nappe à carreaux étalée sur les feuilles, abondamment pourvue de bonnes victuailles, de quelques sages bouteilles, et entourée d'hominiens choisis parmi les plus chers.

Le pique-nique est un art qui se consomme froid, mais avec chaleur.

Si ce n'est déjà fait, l'amélanchier en éclatera de bonheur et fleurira de toutes ses étoiles blanches, juste là, devant, pour inscrire lui aussi la magie de sa présence dans le livre.

Au retour, il faut passer par une «baisseur» pour admirer les spathes cuivrées du chou puant, un chef-d'œuvre de design auquel on ne touche pas, car il porte bien son nom.

17

Et dans cette même «baisseur», on aura droit à un plein sac de crosses de violon pour accompagner le rôti du dimanche soir.

Printemps 1995

Être dans le vent

En quittant Troie après la guerre du même nom, Ulysse se dirigea vers l'Éolie, patrie du dieu des vents. Pour l'aider à rentrer directement chez lui, Éole enferma tous les vents dans un sac en peau de bœuf qu'il remit au héros. Tous les vents sauf un, celui qui devait conduire Ulysse tout droit à Ithaque, auprès de sa Pénélope. Deux jours plus tard, il vit son royaume au loin. Mais les marins, avides, lorgnaient le sac bien gonflé, le croyant rempli d'or. En cachette, ils l'ouvrirent. Enfin libérés, tous les vents en sortirent et créèrent une sarabande infernale qui secoua le navire et le ramena en Éolie, devant le dieu des vents. À Ulysse qui le suppliait de recommencer son tour de magie, Éole répondit à peu près comme Dieu le père répondit à Adam en le chassant du paradis terrestre :

– Tu l'as eu, tu l'as perdu, tu l'auras pus !

Au-delà de tous les autres, j'admire ceux qui connaissent très bien le vent. Mais le vent étant l'être le plus capricieux et le plus désinvolte qui soit, j'ai bien peu de gens à admirer.

Je ne méprise pas les météorologistes pour autant. Ils sont les premiers à savoir que les vents travaillent à des échelles macroscopiques.

Facile de dire que l'eau du bain est à 40 degrés Celsius. Ce qu'on ne dit pas, c'est qu'elle est plus froide au fond qu'en surface et plus chaude sous le robinet qu'à l'autre bout de la baignoire.

Facile de dire que les vents seront du nord-est, de quinze à vingt kilomètres à l'heure et qu'ils remonteront doucement le Saint-Laurent. Cela ne dit rien de leur comportement chemin faisant, comme à l'entrée du Saguenay, de l'autre côté de la montagne du Bic, dans le passage de l'île aux Coudres, devant Petite-Rivière-Saint-François et de l'autre bord du bois d'épinettes, passé la grange de Jos, dans le tournant du rang croche.

Les prévisions météorologiques sont des constantes nationales. Elles n'ont pas dit et ne pouvaient pas dire à quelle heure, l'été dernier, la tornade allait emporter quelques maisons à Saint-Charles-sur-Richelieu.

Le vent est invisible et imprévisible. Il coule sur les pentes du relief atmosphérique très exactement comme l'eau sur les pentes du relief terrestre. À la différence que l'eau est plus visible que l'air et que le relief terrestre est infiniment plus stable que le relief atmosphérique. La rivière Rouge ne renversera pas son cours demain matin. Le vent, oui, et dès cet après-midi, peut-être.

Le relief atmosphérique est affaire de pression, une autre patente invisible. Les isobares, ces courbes d'égale pression atmosphérique, se tortillent autour et au-dessus de nous comme des lassos de cow-boys en mouvement perpétuel, et l'air froid coule de l'une à l'autre à mesure que l'air chaud monte de la même façon quelque part ailleurs. Plus les isobares s'éloignent les unes des autres, plus la pente est douce et le vent, léger. Quand les isobares se rapprochent, la pente s'accentue et le vent s'énerve.

Les différences de température au-dessus de la mer, de la terre, des montagnes ou de la plaine modifient les mouvements de l'air et créent des vents locaux, comme le font également les caps, les îles, les anses, les vallées et, en ville, le corridor des rues et l'arrogance des gratte-ciel.

À tout cela s'ajoute la force de Coriolis, due à la rotation de la Terre, qui fait dévier les vents vers la droite dans l'hémisphère Nord, tout comme elle vide les baignoires dans le sens contraire des aiguilles d'une montre.

Le vent est un puzzle permanent. Et combien important pour l'amateur de plein air. Les aérostiers y pensent avant de gonfler leurs montgolfières. Et les plaisanciers? Et les véliplanchistes? Et les vélivoles? Et les parapentistes? Du cycliste au simple marcheur, tous doivent s'en faire un complice à l'aller comme au retour, car le vent qui nous emporte n'a jamais promis de nous ramener.

Idéalement, avant de partir, il faudrait penser à la force de Coriolis, l'ajuster aux prévisions nationales et régionales, modifier le tout en fonction du relief local, apporter d'autres corrections relatives à l'heure, à l'ensoleillement, à l'ennuagement, à l'itinéraire et à quoi encore?

Oui, le vent est un ami volage.

Qui l'apprivoise est un grand sage.

Juin 1995

La paix des étoiles

La Terre est un véhicule spatial qui voyage en des paysages extraordinaires. Bien sûr, toutes sortes de préoccupations retiennent notre attention à bord, mais ce n'est pas une raison pour ne pas regarder dehors. C'est en regardant dehors que les plus grands des nôtres ont trouvé les rares explications que nous ayons sur nos origines et sur notre existence.

Malheureusement, quatre-vingts pour cent de la population québécoise vit en milieu urbain où l'on voit si peu et si mal la voûte céleste qu'on se contente tout au plus de remarquer la présence de la Lune, quand elle veut bien se faire remarquer. D'où la nécessité de profiter de l'été, des vacances et du plein air pour s'oxygéner un tant soit peu une matière déjà grise.

Notre véhicule est doté d'un pare-brise, l'atmosphère, qui le protège des débris et des rayons cosmiques indésirables. Le plus souvent, chanceux que nous sommes, ces débris ne sont que poussières et, en heurtant le pare-brise, au lieu de s'y écrapoutir comme des maringouins, elles s'enflamment et disparaissent en traînées lumineuses. Les nuits voisines de la Saint-Laurent, le 10 août, sont riches de ces pluies d'étoiles. Parfois, un caillou plus gros que les autres passe à travers le pare-brise et cause tout un émoi à bord, comme la météorite de Saint-Robert, le 16 juin 1994.

Sous nos latitudes, les nuits cristallines de l'hiver permettent une meilleure vision, car elles rendent le pare-brise plus transparent. Durant les mois confortables de la belle saison, il s'embue facilement de toutes sortes de vapeurs, mais, pour qui veut voir les choses à l'œil nu, c'est le temps d'en profiter.

Auparavant, une parenthèse pour le télescope, qui peut être un adjuvant très intéressant. Hélas ! il grossit non seulement les astres que l'on veut observer, mais aussi les obstacles visuels qui s'interposent, de sorte que son usage, sur le plancher des vaches, est une longue et coûteuse patience. Elle ne remplacera jamais les images que *Hubble* nous transmet par la télévision ou par les magazines. En effet, *Hubble*, un télescope que nous avons réussi à placer en orbite à l'extérieur du véhicule, n'est pas embarrassé par notre pare-brise.

Mais l'hélicoptère n'offrira pas, non plus, les griseries de l'escalade…

Toujours est-il que l'astronomie tout plaisir et tout confort se pratique à l'œil nu et à ce temps-ci de l'année. Il suffit d'un terrain dégagé, loin des lumières. Le sable d'une plage ou l'herbe d'un terrain de golf sont un cadeau des dieux. Un sommet de montagne est un site d'exception plutôt qu'un site de fréquentation assidue, mais un site à occuper sans faute si l'occasion s'en présente.

L'important est de s'étendre sur le dos et de s'abandonner à la vision du ballet cosmique comme à la sensation du voyage.

La première découverte, c'est que nous voyageons autour du Soleil en tandem avec la Lune. C'est une chose de le savoir, c'en est une plus agréable de le percevoir en connaissant la trajectoire de notre compagne, en vérifiant qu'elle se lève et se couche au bon endroit ainsi qu'à la bonne heure. Et, comme avec les tout-petits, c'est quand elle est couchée qu'on peut voir autre chose, car sa clarté estompe bien des merveilles qui n'apparaissent qu'à la nuit noire.

En cet été 1995, à l'exception de Jupiter qui s'affiche dans la constellation du Scorpion, nos voisines immédiates les planètes s'épivardent plutôt dans le ciel du matin, ce qui, le soir, laisse toute la place aux véritables étoiles. Les «stars» s'appelleront Vega, Deneb, Altaïr et Arcturus. À côté d'elles, des milliers d'autres, comme chez les humains, ne sont que des lettres ou des numéros. Elles sont regroupées en des villages, des villes, des provinces, voire des pays, comme sur une carte géographique. Ce sont les constellations, et les Anciens leur ont donné des noms qui correspondaient à leur vision des choses : la Grande Ourse, le Bouvier, la Lyre, etc. Pour s'amuser, on peut tout aussi bien jouer avec des amis et dire : «Je vois une bottine! Je vois un cheval! Je vois un oiseau! Je vois le stade olympique!»

La vérité c'est qu'on ne voit rien sinon l'immensité scintillante de l'Univers. De retour à la maison, des livres, des traités, des cartes, prolongent l'émerveillement, car, au-delà du voir, la curiosité veut savoir.

Habituée qu'elle est à la petitesse de nous-mêmes, elle découvre alors le monde de l'infiniment grand, l'infiniment grand qui est la chasse gardée de l'astronomie. Elle découvre aussi la galerie des astronomes, qui sont certainement parmi les êtres les plus intéressants de l'histoire humaine. À leur tour, ces astronomes lui font connaître leur époque et, de l'un à l'autre, puisqu'il y a toujours eu des astronomes, la curiosité remonte à l'origine de la civilisation, tout comme les étoiles qui racontent l'origine de l'Univers.

Le vertige qui s'ensuit change peu à peu les perspectives de l'observateur, car, c'est un fait avéré, les étoiles de la voûte céleste sont plus brillantes et moins bruyantes que celles de la télévision et, aux mêmes heures nocturnes, l'observation assidue des unes apaise et déniaise plus que la contemplation des autres.

Août 1995

Les feuilles tombent!

«Les feuilles tombent! Cet après-midi d'octobre est d'une sérénité délicieuse...»

C'est du François Coppée, mais ce pourrait aussi bien être du Paul Cazin et cela se lirait : «L'air est doux d'une douceur à émouvoir les larmes, mais il y passe parfois de rapides frissons.»

Et puis, si vous y tenez vraiment, voici Alphonse de Lamartine : «C'était la saison où les feuilles frappées le matin par la gelée et colorées un moment de teintes roses, pleuvent à grand bruit des vignes, des cerisiers et des châtaigniers.»

Suffit!

J'avais treize ans, j'étais enfermé au collège et l'automne était resté à la fenêtre mais, dans le manuel scolaire, on ne parlait que de lui. M. Roger Marquis nous avait fait lire ces chefs-d'œuvre de componction ou de composition française en nous intimant l'ordre d'en découvrir le trait pittoresque et maintenant, pendant la série mondiale justement, c'était à notre tour de passer au bâton.

J'avais un certain talent pour écrire ce que les profs voulaient lire et, sans pouvoir citer mon texte à la lettre, je me souviens très bien que «toute la mélancolie du monde » était allée s'asseoir sur une «souche vermoulue » pour observer «le tapis mordoré » que le vent tissait avec «la jonchée de feuilles mortes ».

Je me félicite d'avoir abandonné ces complaisances et de n'écrire désormais qu'à mon goût, ce qui n'empêche pas l'automne d'être une bien jolie saison avec ses feuilles mortes, surtout avant qu'elles ne se ramassent à la pelle et, bien que, déjà, je parlasse anglais depuis mes cinq ans, voisinage oblige, c'est sous un baldaquin automnal de bronze et de pourpre que je devins officiellement bilingue en échangeant mon premier « French kiss ».

O.K. là?

Évidemment, le scientifique en moi n'a jamais laissé la bête romantique trop souvent ni trop longtemps «lousse » dans son pacage et j'en vins ainsi à m'interroger le plus sérieusement du monde sur le pourquoi du comment de cette métamorphose chromatique annuelle qui précède un tantinet la cryoturbation du sol, une perturbation de masse qu'il ne faut pas confondre avec l'autre.

Aujourd'hui, tout le monde sait qu'en dessinant les feuilles le divin créateur a trempé son pinceau alternativement dans des pots de chlorophylle et de xanthophylle dont il les a abondamment beurrées, pour bourrer comme il faut les plastes de leur parenchyme. Or, du printemps jusqu'à l'automne, les deux substances ont fait un peu comme la cigale et la fourmi du parc Lafontaine.

La chlorophylle a flirté tout l'été avec la lumière et elles ont eu des relations photosynthétiques tellement chaleureuses que, dans leurs ébats, le carbone de l'air se transformait en glucides qui s'épandaient avec la sève jusque dans les moiteurs du liber et de l'aubier. Cela est bien joli aussi longtemps que se trémousse la jouissance mais, après cinq mois de ces petits jeux tous les jours que le divin créateur sort son pinceau, une feuille s'épuise et, n'en pouvant plus, la chlorophylle disparaît.

Qui donc apparaît alors ?

La xanthophylle avec ses myriades de picots jaunes et rouges ! Bafouée tout l'été par le « glamour » de la chlorophylle, elle passait inaperçue, mais voici qu'elle se pointe, qu'elle se répand, qu'elle triomphe et qu'elle éclate dans les futaies comme un festival Benson & Hedges, en chantant : « Gna gna gna gna gna, gna ! »

Las, le pétard fait long feu ! L'arbre fatigué ne veut plus de ce chromatisme orgiaque et il réplique par des sécrétions subéreuses à la base des pétioles. À ce premier signe de détachement, les substances parenchymateuses du limbe s'abandonnent à la gélification et c'est bientôt la rupture, le porte-feuilles se défaisant de ses actions à la baisse.

Ce drame rituel se joue avec la complaisance du Soleil qui, d'une année à l'autre, ne se lasse pas de voir la Terre lui tourner autour comme une petite folle, la tête renversée à vingt-deux degrés. Au printemps, il l'éclaire de côté. Elle se réveille et s'excite. L'été, elle en a plein la face et s'imagine que ça ne finira jamais, sauf qu'à l'automne elle est rendue de l'autre côté et c'est pas mal moins reluisant pour l'hémisphère Nord de Coquette. Pas plus bêtes que les oiseaux, les feuilles tombent et s'en iraient bien repousser dans l'hémisphère Sud, mais, aux mêmes latitudes, il n'y a ni sol ni arbre là-dessous.

Que la mer !

Alors, comme nous, elles attendent le printemps suivant.

Et nous ? Nous nous pâmons encore pour les remous que cette geste occasionne dans le liquide rachidien des Lamartine et des Prévert. Nous nous émolvons dans une poétrie confusionnante qui spouragine nos facultés affaiblies au volant de la pâmoison et nous déglutissons des spasmes littéraires en avançant comme des condamnés vers la saison blanche des puretés glaciales.

Voilà pour la chute des feuilles, voilà pour l'automne, voilà pour les beaux textes, voilà pour la science et voilà pour les soupirs.

Mais, parlant de soupirs, puissions-nous encore rêver dans les sentiers de la nature comme des adolescents boutonneux et friables, envahis par ces souvenirs croustillants tombés de l'arbre du désir, souvenirs de verdeurs conquérantes qui se balancent mollement sur les zéphyrs de la pensée et qui, pieusement recueillis, conservés dans leurs tons d'or et de sang avec le respect dû aux gloires fanées, marquent, dans l'encyclopédie de nos ardeurs, la page rousse de l'automne.

Bien le bonjour, monsieur Marquis.

Automne 1995

Noir et blanc

Novembre.

Le printemps a fleuri; l'été a frémi; l'automne a mûri et tout cela est fini.

Octobre, si rutilant hier encore, s'effoire en caca d'oie dans la grisaille qui hésite entre la pluie et la brume après les derniers ricanements sardoniques des citrouilles sorcières. Non seulement est-ce le mois des morts, c'est surtout celui des jours agonisants.

Cela a commencé le 23 septembre, à l'équinoxe, quand la Terre s'est renversée la tête sur l'axe qu'elle présente au Soleil, et cela n'a fait qu'empirer ensuite.

La monotonie croissante de la déconfiture.

Ce sont des jours chers à la mélancolie des beaux esprits mais pas diable invitants pour aller jouer dehors. À Montréal, seulement quatre-vingt-six heures d'ensoleillement durant le mois de novembre, contre quatre-vingt-treize à Sept-Îles. Même pas quatre jours au total, soit un maigre douze pour cent de toutes les heures du mois. Les plus belles surviennent souvent en après-midi lorsqu'un soleil tangent rehausse la stature des arbres en les affublant d'ombres démesurées, et qu'il effleure la surface des plans d'eau pour les transformer en miroirs.

Plus tard, la glace s'en charge.

Il en sera ainsi jusqu'au solstice, le 22 décembre. Cette nuit-là, le jour durera 8 heures 42 minutes à Montréal, 8 heures 32 minutes à Québec, 8 heures 18 minutes à Chicoutimi, 8 heures 3 minutes à Sept-Îles et 7 heures 14 minutes à Fermont.

Ce sera la grande noirceur de l'année, mais, entre-temps, un miracle se sera produit, le miracle du froid et de la neige.

Justement parce qu'il est tangent, le Soleil éclaire la Terre sans la réchauffer et celle-ci, comme un rentier ou un chômeur, doit survivre avec son vieux gagné. Chez les végétaux, les vivaces ont emmagasiné des réserves dans leurs racines; les annuelles comptent sur le vent, les écureuils et les oiseaux pour achever de disperser leurs graines. Chez les oiseaux, les «promeneux» sont partis vers toutes les Floride du monde et ceux qui restent sont des costauds bien emplumés, qui ont une longue tradition de résistance au froid, comme la mésange, toujours mignonne, le geai bleu, un bandit d'opérette, et la gélinotte, souvent perchée immobile au soleil, comme la concierge de la forêt. Les grenouilles se figent dans la vase des étangs et les couleuvres sous les pierres. L'ours, la marmotte et la moufette s'endorment gras dur. Les petits carnassiers restent actifs, et à peu près invisibles, se disputant, surtout la nuit, le peuple des mulots et des lièvres. Ces derniers, avec les écureuils, restent les plus faciles à observer, à moins qu'on n'aille, en motoneige, saluer les cervidés dans leurs quartiers d'hiver.

Car bientôt, toujours trop tôt pour d'aucuns, toujours trop tard pour d'autres, la blancheur vient doucement tapisser la grande noirceur. «Doucement» parce que la première neige est rarement violente. Il s'agit souvent d'une averse, vive et maigrichonne comme un ado, suivie d'une autre, et d'une autre. Puis, dans la paix d'une belle journée, les flocons flottent si doucement qu'ils s'agglutinent et restent comme suspendus dans quelque rêve, peu enclins à se poser ailleurs que sur une carte de Noël.

Alors c'est l'hiver, le bel hiver, le merveilleux hiver, l'exécrable hiver.

À vrai dire, l'hiver n'est une malédiction qu'en milieu urbain. J'entends encore un ami qui habite au bord du Memphrémagog et qui me disait, avec un sourire discret, comme on avoue une chose honteuse mais précieuse :

— J'aime assez l'hiver…

Il parlait de l'hiver propre, bien sûr. L'hiver froid et transparent qui glisse radieux sur les pentes, avec les enfants en habits de joie qui l'accompagnent sur les fesses. L'hiver lumineux qui se faufile entre les épinettes pour déboucher sur la hêtraie, où les grands troncs gris portent encore fièrement leur feuillée fanée. L'hiver des montagnes découpées sur l'horizon comme un collage. L'hiver des lacs gelés qu'on a la volupté de franchir à pied sec. L'hiver des fins d'après-midi poudreuses, roses et or, qui nous ramènent à la maison, au chalet ou à la tente pour de longues soupes et de courtes veillées.

Peut-être parlait-il de l'hiver au froid qui mord les oreilles et les orteils, sans plus. Car chez nous, aujourd'hui, personne ne meurt de froid à moins de courir après lui.

Peut-être parlait-il aussi de l'hiver déchaîné, où des tempêtes hurlantes et galopantes nivellent toutes choses sur leur passage dans une apothéose de western, pour s'apaiser ensuite avec l'air de n'avoir jamais existées quand le Soleil se lève à nouveau pour examiner leurs dégâts.

Oui, le Soleil et la neige sont des complices qui enluminent la grande noirceur le temps qu'elle dure. La Lune elle-même n'est jamais si belle que sur la neige et, pour qui peut l'observer hors de la ville, la voûte céleste n'est jamais si vaste ni si profonde, ni si étoilée que par les nuits de la grande noirceur.

Le printemps fleurit, l'été frémit, l'automne mûrit et l'hiver les suit avec l'absence de toutes leurs belles choses.

Noir et blanc, le temps qu'on l'aime et qu'on en ait assez.

Car l'hiver a aussi le mérite de faire désirer le printemps. Les saisons sont plutôt imperturbables dans la régularité de leur retour et dans la variété de leurs offrandes. Mais l'homme est incorrigible dans ses appétits comme dans sa lassitude et, à propos des saisons comme de ses amours, il peut répéter quatre fois par année le vieux quatrain qui ne s'use jamais :

On se veut
On s'enlace
On se lasse
On s'en veut

Hiver 1995

Gros jambon

On tuait le cochon à l'Immaculée-Conception, le 8 décembre.

J'ai toujours adoré cette offrande symbolique d'un cochon à la Vierge !

On le tuait en décembre et, dans la mesure du possible, toute la famille participait à la boucherie, car il ne fallait rien perdre. Un dicton précisait même que là où l'on savait faire, on n'en perdait que le cri.

Ensuite, on passait l'hiver à manger le cochon.

Les diététistes m'en voudront sûrement de rappeler à quel point le cochon est bon. Il est jambon !

On tuait le cochon en décembre et on le pendait haut et court dans le hangar. L'avènement du congélateur a changé cette pratique et, d'ailleurs, la tradition n'a pratiquement plus cours, encore que certains professionnels ayant une propriété à la campagne aiment bien inviter des amis pour la faire revivre.

Cela ne se fait probablement pas plus chez vous que chez moi, mais en passant au marché rien n'interdit de se laisser tenter par du boudin bien frais, qui grillera tranquillement avec des rondelles d'oignon et des quartiers de pomme, et qui emplira la maison de son parfum avant de remplir les assiettes, avec des pommes de terre mousseuses et, obligatoire, une ligne de moutarde de Dijon.

Miam ! Miam !

Il faut également mettre la main sur un bon kilo de porc haché, l'emporter à la maison, le déposer dans un chaudron, lui ajouter, haché lui aussi, un beau gros oignon, du pain, du lait, du sel et du poivre. La sauge ne gâte rien. La sarriette non plus. Et l'on met cela à feu aussi doux que sa blonde – ou son chum –, à qui l'on peut téléphoner pendant toute la durée de la cuisson. Quand la blonde ou le chum est tanné, les cretons sont prêts.

Seul ou avec l'autre, ils se mangent sur une biscotte, avec un rien de concombres en marinade, ceux que Pierre a apportés l'automne dernier parce qu'il ne savait plus quoi en faire. Surtout qu'en février et en mars, pour les longues excursions en forêt, en montagne, les cretons font très bien dans le sac à dos.

J'ai également un faible pour la tête fromagée, la hure, mais c'est un peu plus long à expliquer et tout le monde n'aime pas cela. Toutefois, personne n'ignore, j'espère, les vertus d'un solide ragoût de boulettes, avec du poulet dedans, lorsqu'on rentre du froid à la chaleur de la maison.

Et le rôti piqué d'ail ! Et le jambon !

Je garde un souvenir ému des longues marches dans la neige après être allé chanter tous les Kyrie, Gloria, Credo, Sanctus et Agnus Dei au jubé de l'église. D'une semaine à l'autre, en alternance, un jambon ou un rôti nous attendait sur la table de la maison.

Dans mon esprit, le porc est surtout un mets d'hiver pour ceux qui travaillent fort à l'extérieur et qui ont besoin de calories. On sait la place qu'il occupait sur la table des chantiers, sous forme de pâtés, de ragoûts, dans la soupe aux pois, dans l'omelette et dans les fèves au lard. J'ignore s'il en est encore ainsi. Par contre, je sais qu'une majorité de gens travaillent désormais à l'intérieur. Et ce ne sont pas là des menus pour ceux et celles qui s'adonnent au métro-boulot-dodo.

Je sais aussi qu'une majorité grandissante de gens profitent de l'hiver pour aller jouer dehors, pêcher sur la glace, faire des excursions en skis ou en raquettes, du ski alpin, de la motoneige, escalader des parois de glace, patiner et jouer au hockey sur les patinoires extérieures. Or, je ne nie pas qu'après une journée de ski une fondue soit bien agréable à partager avec la famille, les amis. Je ne nie pas non plus l'attrait d'une bonne soupe aux pois qui a mijoté avec un os de jambon.

Pour le brunch du dimanche, l'omelette au lard et la jarre de «bines» ajoutent du nerf aux mollets de ceux et celles qui vont marcher dans la neige.

Manger!

Et fêter, aussi, dans les carnavals – mot qui signifie littéralement «avaler de la viande». Cela se passe également dehors, souvent par grands froids, avec une dépense accrue d'énergie dans les diverses compétitions.

Le cochon est un souffre-douleur et un porte-bonheur. Il a été nourri d'ordures toute sa vie durant et pourtant, le dévorer nous réjouit. Ses protéines deviennent les nôtres. Ses glucides aussi. Et c'est avec lui que nous traverserons la montagne, avec un peu beaucoup de l'énergie qu'il faut pour affronter la sévérité et les rigueurs de l'hiver.

Le temps du poisson reviendra bien assez vite.

Février 1996

Lueur d'espoir

Le printemps nous apporte une chaleur et une douceur bienveillantes et ardemment souhaitées, mais nous oublions généralement de regarder sa lumière qui, avec celle de l'automne, est la plus honnête de l'année, encore qu'elle soit un peu plus coquine en mars qu'en septembre.

Les pays de l'équateur n'ont pas de saisons, c'est bien connu. Ils n'ont pas, non plus, ces variations de lumière qui les accompagnent chez nous. J'ignore comment se vit la monotonie d'un soleil qui se lève à la verticale, qui, à midi, cogne de haut en bas, très exactement comme un marteau sur un clou, et qui se couche sans façon, sans crépuscule, tout comme il s'est levé. Mais je sais que, par beau temps, de jeunes Équatoriennes venues à Montréal pour apprendre le français se précipitaient du cégep Maisonneuve vers le mont Royal dès la fin du cours, pour ne rien manquer des chatoiements qui marquent le passage du jour à la nuit.

Si leurs cours avaient duré une année entière et si elles avaient porté d'autres vêtements que ceux que l'on porte dans leur pays, elles auraient remarqué, au surplus, que les crépuscules varient en longueur et en couleur avec les saisons, toujours plus roses et plus longs en été, plus rouges et plus courts en hiver.

Cela dépend évidemment de notre position sur la planète, aux latitudes de quarante-cinq à soixante-trois degrés pour le Québec.

Quel que soit le moment de l'année, le Soleil ne nous assomme jamais directement d'en haut, et sa hauteur sur l'horizon varie avec le voyage que la Terre fait autour de lui en trois cent soixante-cinq jours, plus un en 1996. Comme ce voyage détermine nos saisons, la place du Soleil au-dessus de notre horizon varie de vingt-deux degrés, à midi le 21 décembre, jusqu'à soixante-huit degrés, à midi le 21 juin, soit un écart de près de quarante-sept degrés en hauteur.

Or, le 21 mars et le 21 septembre à midi, le Soleil est à mi-chemin de ses extrêmes saisonniers, et c'est ça qui fait toute la beauté de la patente, si l'on peut dire.

C'est que, sous cet angle, le soleil, la lumière dis-je, nous révèle les dimensions exactes de notre univers. L'hiver, la lumière exagère démesurément la hauteur des arbres, des édifices, ainsi que la longueur de leur ombre. L'été, la lumière les écrase et les diminue. Nous serions à l'équateur que nous n'aurions pas d'ombre à midi le 21 juin. Aussi bien dire que nous n'existerions pas et, de fait, ce jour-là et à cette heure-là, les habitants de l'équateur ont l'habitude de se cacher pour survivre.

À noter que les « 21 » en question sont une moyenne, les équinoxes et les solstices se promenant toujours du 20 au 23 de leur mois.

Les 21 mars et 21 septembre sont les jours de l'équinoxe et, je dirais mieux, les jours de l'équité

40

planétaire. C'est en effet le moment où le jour et la nuit sont de même durée pour tous les habitants de la planète. Douze heures bien comptées, que l'on habite au pôle, à l'équateur ou à Saint-Éphrem-de-Tring.

À Rivière-Beaudette ce jour-là, tout comme à Valleyfield, à Huntingdon, à Philipsburg, à Mansonville, à Stanstead, à Coaticook et à East Hereford, tout le long de la frontière américaine, quoi, à midi, le Soleil se perche très exactement à quarante-cinq degrés sur l'horizon, très exactement à mi-chemin de l'horizon et du zénith, en plein milieu de notre vision, et, si nous regardons derrière, notre ombre est l'exacte réplique de nous-mêmes.

Voilà! Chez nous, la lumière du printemps et de l'automne réintègre l'homme dans les véritables dimensions de l'univers qu'il habite.

Ce n'est sans doute rien d'important puisque nous oublions tellement de le remarquer, sauf que le plaisir des saisons est précisément de les voir évoluer, et, si chacun de nous est naturellement sensible aux caresses grandissantes de la chaleur, ce plaisir se dédouble quand nous portons attention à sa sœur la lumière.

C'est donc aux deux équinoxes de l'année que la lumière nous dit la vérité sur nous-mêmes et sur notre milieu. Ce sont les seuls jours où l'ombre est égale au réel et ce détail eût sans doute charmé Platon! Ce détail, j'avoue que je m'amuse à le vérifier chez les peintres paysagistes, où il est très souvent absent. Quant aux photographes, consciemment ou non, ils ne peuvent le rater!

Mais alors, pourquoi la lumière serait-elle plus coquine en mars qu'en avril?

Parce que, chez nous, la queue de l'hiver lui joue un tour !

Eh oui ! En septembre, quand la lumière descend vers nous sous l'angle parfait qui restitue chaque chose dans ses dimensions réelles, le sol, l'herbe et les feuillages l'absorbent pour former des tapis ou des bouquets d'ombre, de soleil et de contre-jour. Mais en mars, la neige est encore là et, frrrrt ! la lumière n'a pas le temps d'atterrir qu'elle rebondit partout et se dédouble pour nous en mettre plein la vue et nous donner les dernières et, peut-être, les plus éblouissantes visions de l'hiver.

C'est sa résurrection pascale à elle.

Il ne faut pas y regarder de trop près cependant, et les Inuits en savent quelque chose, eux les inventeurs de ces étranges lunettes qui filtrent la lumière comme une tirelire filtre la monnaie, et qui, par cette savante économie, leur épargnent la cécité des neiges.

Nous n'en sommes malheureusement pas là dans nos grandes villes où le crachin englue les pare-brise des automobiles et annule toute visibilité par les beaux après-midi où l'hiver transige avec le printemps.

Raison de plus pour aller jouer dehors au moindre prétexte, par les jours de grand soleil. C'est, notamment, l'occasion rêvée de traverser un lac à pied, dans la splendeur et l'apothéose de la lumière, les yeux bien protégés et le torse nu, pour d'aucuns !, afin d'accueillir cette caresse amoureuse qui tombe du ciel, qui rebondit sur la neige, qui fait aussi chanter les ruisseaux et couler l'or des érables.

Avril 1996

En vol

Les oiseaux sont revenus.

Oh ! Ils ne sont sans doute pas plus beaux ni plus fins que les geais, les tarins[1] des pins, les tourterelles, les sizerins, les gros-becs et les cardinaux qui ont passé l'hiver avec nous, comme les moineaux qui nous accompagnent jusque dans nos ruelles. Mais entre ces familiers et la grande faune ailée qui revient avec le printemps, il y a la même différence qu'entre une plate-bande et la flore d'un pays.

Le printemps *en ville*, en banlieue surtout, c'est le merle qui siffle dans le lilas, aux crépuscules de l'aube et du soir, et qu'on voit sautiller sur la pelouse pour lui tirer les vers du nez. Ce sont les hirondelles bicolores qui font l'amour sur la corde à linge près du poteau où est planté leur nichoir.

Le printemps *ailleurs*, c'est... autre chose.

Pique-bois n'est plus au dictionnaire et il faut dire *pic*. Pourtant, c'était bien le *pique-bois* qui saluait le printemps de son taratata sur les arbres creux du marécage, dans les bois de M. Smith, au-delà d'un sous-bois tout frémissant d'érythrones et de claytonies.

---

1. On disait « chardonneret des pins » avant que l'Internationale des « oiseauxlogues » ne s'en mêle.

Pivart, un régionalisme pour pivert, le pic doré[2], n'est pas au dictionnaire non plus, bien qu'il faille entendre son battement d'ailes et le voir aller de son vol ondulé entre les pins pour comprendre le sens du verbe «s'épivarder».

À l'île aux Grues, les oies vont repartir. Fin mars, elles étaient arrivées comme la dernière neige de l'hiver et s'étaient abattues sur les grèves à grands renforts de jappements pour fêter leurs amours. Elles vont repartir aujourd'hui, demain, et on verra le long ruban de leur vol se balancer au-dessus du lac Mistassini, du cap Wolstenholme, de l'île de Baffin, en droite ligne vers l'île Bylot dans l'Arctique.

Le grand héron est revenu dans les saules de la Yamaska. Jacques a sorti son bateau pour aller les voir. À l'aube, il remonte doucement la rivière, les guette, les suit dans leur vol et les admire comme s'il ne les avait jamais vus, lui qui les attend chaque printemps.

Dans le parc d'Oka, le trille grandiflore couvre le sous-bois comme une blanche giboulée, mais dans le marécage de la rivière aux Serpents, entre les roseaux, le bihoreau à couronne noire[3] s'est discrètement remis à la pêche aux grenouilles. Parlant de trilles, ceux, translucides, du huart à collier[4] nous attendaient l'autre matin au lac aux Oiseaux, où Michel et Denise ont leur chalet. Nous l'avons vu plonger, refaire surface, plonger encore, remonter et reprendre ses roulades sans la moindre inhibition. Sur ce miroir parfaitement lisse,

---

2. Selon les mêmes autorités, ce pic est maintenant «flamboyant».
3. «Bihoreau gris», dans les récents oukases.
4. «Plongeon huard (huart) à collier», sous l'oculaire académicien.

seul dans le décor splendide de cet amphithéâtre, il avait décidé de répéter sa partition pour lui-même, pour son propre plaisir, avant la représentation.

Alors le martin-pêcheur est entré en scène juste sous nos yeux. Dans l'écore, un bouleau à moitié déraciné s'allongeait au-dessus de l'eau et il s'y était perché, à notre insu, jusqu'à ce qu'un éclair bleu se jette à l'eau comme un caillou, et en ressorte tout fringant pour revenir à son perchoir, avaler sa becquée, secouer sa houppe ébouriffée et reprendre sa vigie.

Il m'a rappelé la sterne que j'avais longuement admirée à Godbout, sur la Côte-Nord. Elle tournoyait au-dessus de la mer en d'incessantes arabesques et plongeait soudain, tel un caillou elle aussi, comme pour saluer à la fin de son grand ballet.

Ah ! Les souvenirs d'oiseaux !

Le tangara écarlate, par exemple. Je l'ai vu deux fois dans ma vie. La première, je traversais, à la boussole, une forêt très dense au bord du lac Brompton, quand une flèche rouge et noir coupa soudainement ma visée. Ce fut tout. La seconde, dans les côtes de Saint-Basile-de-Tableau, au nord du Saguenay, une flèche rouge et noir coupa cette fois mon pare-brise, et ce fut encore tout. Habillé comme il l'est, nul besoin de le voir longtemps pour le reconnaître.

Même remarque et même moyenne pour le merle bleu. Une fois, à Cap-aux-Oies, au-dessus du verger de Marcel à Georges à Major en 1967, et une autre, invraisemblable, au sommet du mont Orford en 1988.

Le jaseur des cèdres[5] est moins sauvage, bien qu'il recherche l'anonymat avec un loup de velours sur les

5. « Jaseur d'Amérique », tous les étés, mon père !

45

yeux. Où que j'aille, il trouve moyen de me dire bonjour une couple de fois par été. L'oriole de Baltimore[6] aussi. J'ignore si c'est un effet de son beau plumage, mais il a pas mal plus de jasette que le précédent. Ce qu'il raconte ? Peu de choses. Il dit simplement que les oiseaux sont revenus, pour leur plaisir et pour le nôtre, et il récite aussi des vers du poète Alfred DesRochers :

Mais les mots indistincts que profère ma voix
Sont encore : un rosier, une source, un branchage,
Un chêne, un rossignol parmi le clair feuillage,
Et, comme au temps de mon aïeul, coureur des bois,
Ma joie ou ma douleur chante le paysage.

Juin 1996

---

6. « Oriole du Nord », amen !

Les grandes chaleurs

Deux périodes de l'année sont particulièrement accablantes pour une personne « sensiboulette » : les grands froids de l'hiver et la « môsusse » de canicule.

Les deux seraient endurables si l'on pouvait s'en sauver en vaquant à d'autres occupations que les habituelles. Mais devoir faire le même travail que d'habitude à des températures qui nous sortent de l'habitude, cela devient plus difficile.

Pour ne pas dire sacrant !

Midi, roi des étés, épandu sur la plaine
Tombe en nappes d'argent des hauteurs du ciel bleu

Ça, c'est du Leconte de Lisle, et j'ignore pourquoi il n'a pas parlé du plomb fondu au lieu des « nappes d'argent ».

Le plus ironique, c'est que la Terre est au plus loin du Soleil le 5 juillet. En croyez-vous la température ? Plus drôle encore, elle en est au plus près le 4 janvier. Vous souvenez-vous de la température d'alors ? Mais comme l'expliquait Ernest Hemingway à Francis Scott Fitzgerald dans une pissotière de Paris, en 1925, « ce n'est pas la longueur, c'est l'angle qui compte ».

Depuis l'équinoxe de mars, la Terre incline son hémisphère Nord vers le Soleil. Cela nous a valu un printemps. Cela nous vaut un été. Cela nous vaut également une canicule. Le Soleil plombe sur le fleuve, sur les lacs, et l'humidité rampe partout comme une brume invisible.

On cherche en vain une fraîcheur qui ne se trouve pas.

Alors on a chaud.

Chaud à en mouiller ses vêtements.

Et c'est pire si l'on n'en porte pas.

Que faire?

Rien?

Le secret de la canicule serait de ne rien faire?

Dans la mesure du possible?

De petites phrases aussi courtes à écrire qu'à lire?

De petits paragraphes?

Aussi faciles à lire qu'à oublier?

En sirotant une limonade, sans doute!

Au sous-sol de la maison, si possible.

Il ferait bon, aussi, au bord du quai, du côté de l'ombre, en mâchant, parfois, un sandwich au poulet et à la mayonnaise, dans lequel on n'aurait pas oublié les échalotes finement hachées.

Ni la sarriette.

Mais tout un chacun n'a pas le sous-sol.

Ni le quai.

Ni les amis qui en possèdent.

Il reste alors la marche, la bicyclette ou le canot. Ou n'importe quelle activité. La plus véhémente qui soit. Une activité qui soit une sorte de guerre entre la canicule et soi-même :

— Toi, ma «môsusse», tu veux m'assommer ! Tu veux m'empêcher de travailler ? Tu veux m'empêcher de penser ? Tu veux m'empêcher d'être moi-même ? Tu veux que je m'assoie pour me plaindre de toi à longueur de journée ? Ah, ma gueuse ! Attends de voir comme tu vas manger ta claque !

Alors on part.

Avec son bébé et sa belle-mère s'il le faut.

On va n'importe où, du plus près au plus loin.

Mais on fait quelque chose dans la majesté de cet été qui pleut de la chaleur sur nous, comme à travers cet hiver qui nous pelletait du vent et de la neige, il n'y a pas si longtemps.

Les ruisseaux chantent qu'ils ont encore un peu d'eau.

Les sauterelles stridulent.

Les engoulevents, qui n'ont jamais su crier convenablement, saluent le soir qui descend. La paix est pesante, mais elle est là.

Les enfants ont joué dans l'eau toute la journée, et ce soir ils courent autour du prunier. La nuit sera chaude, mais pourquoi pas ?

La canicule tire son nom de la constellation du Grand Chien, et de son étoile principale, Sirius, qui se lève et se couche en même temps que le soleil au plus fort de l'été.

Et la «môsusse» de Sirius se lève la nuit, au plus froid de l'hiver.

Pour nous narguer, sans doute.

On ne se sauve pas plus de la canicule que de Sirius, l'étoile qui la commande.

Comme le chien, on l'apprivoise, car cela ne sert à rien de japper.

Ni de s'affairer autour du fourneau pour préparer de la haute cuisine.

Canicule !

Le mot le dit : c'est le temps des chiens chauds !

Un *popsicle* avec ça ?

Août 1996

À l'ombre de la Lune

Je me souviens très bien du titre dans *L'Ency-clopédie de la jeunesse*, que je viens d'ailleurs de re-vérifier : « La plus grande ombre connue ». On ne fait évidemment pas référence à l'ombre du plus haut gratte-ciel, ni même à l'ombre du mont Everest.

Non, la plus grande ombre connue, c'est l'ombre de la Terre, une ombre qui ne la quitte jamais puisque la Terre est constamment exposée au Soleil, ce qui lui fait, si mes calculs sont exacts, une ombre d'environ 1 400 000 kilomètres.

L'important, ici, n'est pas l'exactitude des chiffres, mais l'énormité du cône d'ombre qui se balance autour de notre planète. Dès que j'ai pu imaginer la chose, j'ai tout de suite pensé à une sorcière qui se promè-nerait avec un immense chapeau pointu à jamais planté sur sa tête. Pour que cela ressemble à l'Halloween, il ne manquerait que la citrouille ; or, la voici justement : c'est la Lune qui tourne autour de la sorcière. L'astre essaie constamment d'échapper au chapeau de la sorcière, mais elle s'y fait prendre deux ou trois fois par année. Elle disparaît alors dans une éclipse totale.

Cette année, la lune des moissons, la première pleine lune de l'automne, se verra ainsi amputée de sa totale splendeur par la plus grande ombre connue, de 22 h 19 à 23 h 29, le 26 septembre. Sauf que, l'ayant plusieurs fois observée, je n'ai jamais vu la Lune disparaître complètement, bien que cela arrive, semble-t-il. Le plus souvent, elle pâlit, pâlit, pâlit et, soudain, devient rousse parce que les rayons infrarouges passent tout droit dans l'atmosphère et sont réfractés vers elle, chemin faisant. Lors d'une éclipse de Soleil, c'est le chapeau de sorcière de la Lune qui touche la Terre. Mais son chapeau étant trop court, c'est tout juste le bout qui balaie la surface terrestre, comme un trait de crayon linéaire où l'obscurité devient totale.

Quand on se trouve sur le sentier d'une éclipse solaire, c'est comme si quelqu'un coupait la lumière dans la pièce en fermant l'interrupteur. Quand tout un hémisphère terrestre assiste à une éclipse totale de Lune, c'est plutôt comme si l'on baissait le rhéostat au maximum pour un *party*, mais en laissant un petit quelque chose afin de voir tout de même un peu. Ce ne sont toutefois pas ces technicités qui rendent les éclipses fascinantes.

Non, la magie est ailleurs.

Habitués que nous sommes à la fin de la saison de baseball et au début de celle de hockey, habitués que nous sommes aux crises politiques proches ou lointaines, aux revendications permanentes des peuples, des sociétés, des groupuscules et des individus, habitués que nous sommes aux guerres, aux meurtres, aux vols et aux incendies, habitués que nous sommes à perdre nos *jobs* et à en chercher d'autres, habitués que nous sommes à ne voir partout que les problèmes inhérents à la race rampante des hommes, les éclipses nous ramènent à la majestueuse parade des astres : le nôtre, qui nous entraîne à travers l'espace, et ceux qui nous voisinent.

L'éclipse, qui aligne soudain trois astres sur une même droite, nous ramène à cette force inexplicable de la gravitation, force qui est calculée depuis quelques siècles mais qui demeure très largement mystérieuse. C'est cette force extraordinaire qui fait que, sous nous, aux îles Kerguelen, les habitants de Port-aux-Français marchent la tête en bas, et qu'ils pensent la même chose de nous.

C'est cette force qui fait que la Terre et la Lune se tournent autour en tournant autour du Soleil qui, lui, tourne autour d'on ne sait trop quoi, emportant avec lui son cortège de planètes, d'astéroïdes et de comètes. C'est également cette force qui fait que, qui crache en l'air, cela lui retombe sur le nez.

La loi mathématique de la gravitation fut établie par Isaac Newton qui disait, peu avant sa mort : « Je n'ai fait que trouver un joli caillou au bord de la mer qui, elle, me reste totalement inconnue. »

Le soleil se lève tous les matins et se couche tous les soirs sans que nous y portions beaucoup plus d'attention qu'à la Lune qui tourne autour de nous en vingt-huit jours. Mais l'éclipse, c'est cette petite anomalie occasionnelle qui nous sort de nous-mêmes pour nous rappeler notre appartenance à bien plus grand que nous. Ce n'est qu'un grain de sable sur la plage où Newton trouva un joli caillou, mais, sur la même plage, on peut avoir le même vertige d'admiration devant l'immense ballet de l'univers.

Automne 1996

Ave Maria (Chapdelaine)

Mille neuf cent douze.

Un écrivain breton de trente-deux ans, Louis Hémon, passe l'automne et le début de l'hiver avec une équipe d'arpenteurs, dans les bois au nord du lac Saint-Jean, pour établir le tracé de la future voie ferrée entre Péribonka et Mistassini. Il a une grande curiosité pour tous les récits du terroir. Entre autres, celui d'Auguste Lemieux, un guide de Mistassini qui s'est «écarté» en forêt et dont on a retrouvé le corps gelé, à moitié mangé par les loups. Il ne se lasse pas de se le faire raconter et de s'enquérir de tous les détails.

Maria Chapdelaine paraît en 1916 et, au cours des années, le roman de Louis Hémon fait le tour du monde en quarante-cinq langues. L'énigme, une banale histoire d'amour, n'est qu'un prétexte à une saisissante description du pays et de ses gens. Le clou du récit, c'est l'aventure de François Paradis qui, dans le temps des fêtes, décide de quitter le chantier et de marcher cent cinquante kilomètres à travers la forêt et l'hiver, pour aller voir sa blonde, Maria, à Péribonka.

— *Quand le milieu de décembre est venu, il a dit tout à coup au boss qu'il allait partir pour venir passer les fêtes au lac Saint-Jean, icitte…*

«Vous vous rappelez bien le temps qu'il a fait la semaine avant Noël : il est tombé de la neige en masse, et puis le norouâ a pris. Ça s'est adonné que pendant la tempête [il] était dans les grands brûlés, où la petite neige poudre terriblement et fait des falaises. [...] Et si vous vous rappelez, le norouâ a soufflé trois jours de suite, dur à vous couper la face...»

— Oui. Eh bien?

— Il s'est écarté...

...

Point n'est besoin de voir le lieu : [Maria] connaît assez bien l'aspect redoutable des grands bois en hiver, la neige amoncelée jusqu'aux premières branches des sapins, les buissons d'aunes enterrés presque en entier, les bouleaux et les trembles dépouillés comme des squelettes et tremblant sous le vent glacé, le ciel pâle se révélant à travers le fouillis des aiguilles vert sombre. [Il] s'en est allé à travers les troncs serrés, les membres raides de froid, la peau râpée par le norouâ impitoyable, déjà mordu par la faim, trébuchant de fatigue; ses pieds las n'ont plus la force de se lever assez haut et souvent ses raquettes accrochent la neige et le font tomber sur les genoux. [...]

Peut-être est-il tombé pour la dernière fois tout près du salut, à quelques arpents seulement d'une maison ou d'un chantier. C'est souvent ainsi que cela arrive...

En édition de poche, Louis Hémon prend six belles pages pour raconter la mort de François Paradis. Maria l'attendait à côté du poêle à bois sans rien savoir, sans autre outil qu'un chapelet à la main pour lui rendre service, et on ignore si ce fut très utile.

— Oh! ce sont des histoires de romancier. La tempête du siècle est passée et il n'y en aura pas d'autre avant 2072. C'est comme les inondations. On en a eu des bonnes ? Tant mieux, il n'y en aura pas d'autres avant 2096 ! Et puis, les gars ne se promènent plus seuls dans les bois. Pas fous, ils emmènent leurs blondes parce que c'est Noël. Et puis, à part ça, l'hiver n'existe presque plus. Les chars partent seulement un peu moins bien, pis après ?

Après ?

L'hiver existe encore. De Hull jusqu'à Blanc-Sablon et de Mégantic jusqu'à Gaspé, il est blanc et vert foncé, lumineux et noir, à travers des forêts à peine interrompues, coupées de lacs et de rivières gelées, cabossées de montagnes au pied desquelles fume une cheminée ou flamboient toutes les vitres d'un hôtel. Il est paisible aussi longtemps que le vent est calme, mais si le vent fait « Houuuu ! Houuuuuu ! » l'hiver s'agite et la neige court partout comme une folle.

Non, l'hiver n'a pas vieilli d'une ligne et François Paradis existe encore, lui aussi. Aujourd'hui, il retourne dans les bois en motoneige, en traîneau à chiens, en skis, en raquettes, en avion de brousse parfois. Avec des équipements de plus en plus perfectionnés, mais avec une ignorance souvent énorme du milieu géographique et climatique dans lequel il s'enfonce.

Son aventure ne l'a pas guéri tout à fait : avant de partir, la témérité a toujours meilleur goût que la prudence. Après, c'est moins sûr.

Dieu merci, Maria aussi existe encore. Des fois elle a soixante ans et François en a seize. Elle ne récite pas toujours son chapelet à côté du poêle à bois, mais elle attend quand même, dans son condo d'Outremont, son bungalow de Sainte-Foy, son chalet du lac Témiscouata ou sa maison de Saint-Thomas-Didyme.

Elle attend un pas à la porte, ou un coup de téléphone qui ne viendra peut-être pas si le vent est trop grand et si François, trop fier de lui, s'est encore «écarté» dans les «grands bois remplis de neige d'où les garçons téméraires ne reviennent pas».

Hiver 1996

Courir deux lièvres à la fois

Il n'y a qu'une façon de bien connaître le lièvre. C'est de s'habiller comme un oignon, de se munir de bonnes jumelles, d'un sandwich au jambon, de noix, de chocolat, d'un thermos de café, et d'aller passer un bout de nuit, confortablement assis sur la branche d'un érable, au bord d'une clairière, dans une forêt mêlée de conifères et d'arbres décidus.

Un soir de pleine lune, s'entend, et cela s'inscrit à l'agenda des 23 janvier, 22 février et 23 mars. La nuit du 23 mars serait la plus propice, car le lièvre sera en rut et un lièvre en rut, c'est dans le très folichon pour un voyeur.

Bien sûr, j'aurai d'abord fait une reconnaissance pour m'assurer des lieux que fréquente la bestiole. Cette première recherche apportera une première surprise : le lièvre a des habitudes humanoïdes, si je puis dire. Sur la neige fraîchement tombée, voici une piste solitaire qui disparaît et reparaît sous les basses branches des sapins. Une autre la rejoint ici près du grand merisier. Les deux n'en font plus qu'une, bientôt rejointe par une troisième au bord du ruisseau, une quatrième de l'autre côté, et cela devient un boulevard bien tapé qui sinue à volonté entre les rochers, les épinettes enchevêtrées et les ronces touffues, jusqu'à la clairière où le vent et les érables se content des chansons.

Mais là, ce n'est plus un boulevard. C'est l'endroit où aboutissent tous les boulevards. C'est une colline parlementaire ou un Oratoire Saint-Joseph. Tous les lièvres du voisinage y ont passé la nuit précédente à se frotter le museau, et à faire quoi d'autre, croyez-vous, dans la neige «pilassée»? Les latrines sont au fond, à droite près de la souche, mais d'aucuns ne se sont pas donné la peine de s'y rendre et il y a un chapelet de crottes abandonné dans le décor.

L'endroit est bon, donc, et j'y retourne aujourd'hui avant le coucher du soleil, avant la sortie de ces messieurs dames. Car, à moins d'être dérangé, le lièvre sort rarement le jour. Eh oui! Le lièvre est un oiseau de nuit. Il n'a pas un gîte, il en a cent. Il les fréquente tous, espérant toujours y trouver un ami ou une amie et il en trouve plus souvent qu'autrement. Il ne dort que d'une oreille, comme de bien entendu, et il sort au crépuscule, grignotant, de-ci de-là, des bourgeons qui croyaient éclore au printemps ou des écorces qui espéraient s'endurcir avec l'été.

Il trottine avec prudence, sachant bien que la mort est partout, tapie derrière un rocher, sous forme de renard, ou perchée sur une branche, déguisée en hibou. Il ne semble pas savoir qu'elle se cache aussi le long de ses boulevards, enroulée en collets de laiton habilement dissimulés sous des feuillages de thuya.

Mais avec moi aujourd'hui, le lièvre a congé de collets comme de fusil. Hiboux et renards ne m'ont pas consulté, mais ils ne pourront tout de même pas manger ce soir les cent cinquante lièvres qui habitent ce kilomètre carré de forêt.

Les voici qui s'amènent et la bacchanale commence. Ils se tâtent du museau, se frottent tout du long, se lèvent sur leurs raquettes arrière, les bras pendants comme un chiot qui quémande une friandise. L'un s'en va et revient quand l'autre se lasse. Ils se bousculent, se donnent des coups de patte, se pelotonnent et, je les ai vus, ils sautent et dansent à la lune.

Je ne suis pas l'unique spectateur de cette merveille. Il y a la lune, bien sûr, mais, dans un rayon d'icelle, de l'autre côté de la clairière, deux perdrix, pardon! des gélinottes, se sont juchées au sommet d'un hêtre et font semblant de dormir, grosses comme des poules avec leurs plumes qu'elles ont gonflé pour avoir plus chaud.

Mais un froissement dans les buissons interrompt le manège. Un renardeau sans doute, car son père eût été plus discret. Les lièvres se figent, puis le doyen donne le signal à grands coups de raquette dans la neige et frrrttt! la bande disparaît tous azimuts. Un cri strident révèle qu'un levraut a été aussi bête que le renardeau et qu'il a foncé directement sur lui. Du bouleau où je ne l'avais pas vu, un grand duc s'envole en hululant de rage.

Faut-il vraiment vous dire que j'y retourne demain et même que je vous invite à souper samedi soir, puisque la lune sera encore bonne?

Ah! non, par exemple, vous ne mangerez pas de ces tourtières qui engloutissent trois lièvres et deux perdrix dans des pâtes somptueuses, car je ne chasse plus depuis longtemps. Mais en souvenir d'un été humide à outrance, je vous offrirai un spaghetti aux chanterelles et aux olives, et si vous désirez apporter une bouteille de chardonnay, ne vous privez de rien.

Ensuite, pour vous enlever à tout jamais le goût de la tourtière, nous irons veiller sur la branche de l'érable dans la clairière et nous regarderons les lièvres exécuter la danse des Ombres, tirée de l'Orphée de Gluck.

Février 1997

En attendant Hale-Bopp

Prédire la splendeur des événements astronomiques est un jeu de fou. J'avais espéré une éclipse de Lune merveilleuse le 26 septembre et elle le fut. Je revois encore le beau ballon orangé qui flottait dans la nuit, emportant avec lui une fort jolie nacelle, Saturne elle-même.

Maintenant, il faut attendre la comète, les doigts croisés et les yeux fermés, pour ainsi dire. Cela est pire encore, car ces messagères viennent de loin, elles promettent mer et monde, et elles sont menteuses comme le diable lui-même.

Hale-Bopp s'en vient et j'ai hâte de la voir. Reste à savoir si elle aura quelque chose à montrer !

Elle vient de tellement loin qu'on peut perdre son âme à essayer d'expliquer ça. Elle vient du nuage de Oort, aux confins du système solaire, et le nuage de Oort, c'est quoi ? Un paquet de déchets !

Le Soleil, avec sa force d'attraction, a rassemblé la matière en boules qu'il fait tourner autour de lui : Mercure, Vénus, Terre, Mars, Jupiter, Saturne, Neptune, Uranus, Pluton. En plus, la plupart de ces planètes ont leurs propres satellites, sans compter les astéroïdes, débris d'une planète fantôme, entre Mars et Jupiter. En tout et partout, c'est de la boule, de la boulette et de la grenaille qui virevolte comme ça en orbite.

Mais au-delà de ça, il y a les poussières, comme si le Soleil avait vidé le sac de son aspirateur à la limite de son terrain. Voilà le nuage de Oort. Sauf que le vent cosmique passe par là et agite les poussières. De temps en temps, il y a là-bas un grain dérangé dans sa torpeur sidérale, et le voilà qui part à une vitesse folle pour une noce avec le Soleil.

Hale-Bopp est un de ces grains de poussière. Ou plutôt un grain de glace. Elle porte le nom des deux premiers hommes qui l'ont vue venir, le 23 juillet 1995, Alan Hale et Thomas Bopp, deux Américains. Des milliers d'amateurs scrutent la voûte céleste pour être les premiers à en découvrir une et ainsi voir leur nom passer dans le ciel. L'an dernier, c'était Hyakutake, un Japonais. Quiconque croit en découvrir une n'a qu'à téléphoner au Centre mondial d'enregistrement des comètes, à Cambridge au Massachussetts. Après vérification, l'affaire est dans le sac.

Le problème avec les comètes, c'est qu'elles tiennent bien rarement les promesses fabuleuses qu'elles nous font. Énormes blocs de glace et de neige sale, elles fondent et se vaporisent en particules à l'approche du Soleil. La belle traînée lumineuse qu'elles offrent dans la nuit est en réalité un nuage de saletés qu'elles laissent derrière elles, comme une auto dont le moteur pompe son huile.

Plus la comète approche du Soleil, plus elle chauffe, plus elle pompe son huile, plus le nuage s'étire et plus c'est magnifique. Mais des fois, elles fondent moins que d'autres, pour d'étranges raisons qui ont trait à la distance, à l'angle d'approche, et elles nous privent ainsi d'un spectacle longtemps espéré. Même Hyakutake, une des rares belles depuis longtemps, était trop pâlotte pour être observée en ville. Mais avec Hale-Bopp, tous les espoirs sont permis.

Il n'y a pas d'endroit vraiment particulier pour la voir. Si quelqu'un la voit, tout le monde la verra.

Surtout si l'on ne reste pas en ville.

Un endroit tout trouvé serait le centre ASTER, la station scientifique du Bas-Saint-Laurent à Saint-Louis-du-Ha! Ha! dans le si beau Témiscouata. Il s'agit d'une minuscule station très bien équipée, avec télescope, planétarium, sismographe, éolienne, collection minéralogique, bref, un endroit idéal pour prendre contact avec le monde pas toujours accessible de l'astronomie, de la météorologie et de la géologie.

Mais le plus beau, et ce pourquoi j'aimerais m'y retrouver fin mars, début avril, c'est qu'on a eu l'intelligence d'installer des gradins dans la colline, en plein air, comme dans les théâtres grecs et romains. Leur présence étonne, car il n'y a pas de scène au pied des gradins et il ne passe rien d'autre que des vaches ou des autos dans le décor. Mais le soir, c'est une vue paisible et imprenable sur le ciel étoilé.

On m'a dit que les soirs d'étoiles filantes, en août, les gradins affichaient complet.

Ce sera sans doute moins confortable en début de printemps, mais, en habit de neige et avec un petit remontant, ce devrait être un décor somptueux pour voir passer la jolie dame, si elle décidait de nous montrer la traîne de sa robe de noces avec le Soleil.

Avril 1997

Il y a des morilles au paradis

Le meilleur cueilleur que je connaisse est Marcel Bouchard, de *L'Auberge des 21* à La Baie. Le salaud! Il m'en avait montré un plein sac d'épicerie, parfaitement lyophilisées, et il en avait d'autres, des sacs, cachés dans la cuisine de l'auberge.

Le soir, il avait servi un feuilleté aux morilles.

Je dis bien le salaud!

Le meilleur cuisinier aussi, à moins que ce ne soit moi. Les miennes étaient tellement délicates que je les avais à peine fait sauter dans un rien de bon beurre d'habitant pour les déposer sur une très mince rôtie de pain de ménage.

C'était la première fois de ma vie que j'en avais trouvé, et la première fois aussi que j'en mangeais. Le goût était super et indéfinissable. Je dirais un goût de poisson, de vase et de violette. Et même si cela n'avait rien goûté, la simple découverte de quelques morilles, avec la réputation qu'elles ont dans l'histoire de la gastronomie, oui, le simple prononcé de leur nom suffisait à créer un événement mémorable, de même qu'un plat à nul autre pareil.

— Oh! pour déjeuner, peu de chose... J'ai mangé des morilles, dit-il d'un air détaché, en mâchant son cure-dent au cas où il en aurait conservé quelque parfum.

Mais où et quand trouver des morilles ?

« Quand », c'est simple, c'est au printemps. Après la Saint-Jean-Baptiste, il ne faut plus y penser, sauf à Radisson, peut-être.

« Où », c'est pire que le secret de la bombe thermonucléaire.

Mon frère Louis m'étonne : « Je tondais la pelouse devant la maison quand je les ai vues sous la grosse épinette. J'ai arrêté juste à temps. J'ai tout sacré là et je suis allé me faire des œufs brouillés aux morilles. »

Janouk me raconte : « C'était quand on restait à Château-d'Eau, près de Loretteville. Crois-moi, crois-moi pas, un matin je regarde par la fenêtre du salon et je te pousse un de ces "whacks". Il y avait des morilles sur la pelouse sous l'épinette ! »

Adèle me disait qu'elle en trouvait sous les pommiers dans les vergers de Saint-Hilaire.

Et pour Suzanne, c'était sur le bord de la route à Saint-Tite-des-Caps.

À l'île aux Grues, il y en avait parfois, grosses comme des pommes, dans les sous-sols en terre battue, inondés alternativement par la fonte des neiges et la marée haute, mais asséchés ou presque par un usage judicieux de la bonde de vidange.

Assez curieusement, j'ai trouvé mes seules morilles parmi de hautes herbes visitées par les hautes mers de mai en Charlevoix.

Pour Marcel Bouchard, c'était sous les peupliers – qui d'autre m'a dit la même chose, mais en précisant « peupliers baumiers » ? – et « il faut que la terre ait été un peu remuée, dérangée, comme par des travaux de voirie l'automne d'avant, par exemple, le long d'un chemin tranquille».

Et, assis calmement à la table où il nous offrait les feuilletés, Marcel balançait sur sa cuisse l'énorme preuve de son argument.

Est-ce seulement sa rareté qui fait son charme? Décrire la morille, c'est la trahir. Oui, elle est vide. C'est une carapace conique alvéolée, brunâtre, grisâtre, quelconque, sur un pied également creux. Cela pourrait ressembler à un pénis scrofuleux, mais je le dis à tout hasard, n'en ayant jamais vu.

Incidemment, la morille est proche parente du *Phallus impudicus*, un champignon dégueulasse et puant que nous appellions «pipi de chien» quand nous le trouvions sur les gazons de notre enfance. Et personne n'eut jamais envie de les mêler à des œufs brouillés.

La morille est une déesse. Elle se fait rare et subtile. Elle se pique d'être la délicatesse de la terre dans la grossièreté de son environnement, et elle fait cela avec une autorité gênante. Je ne sache pas que quiconque soit passé à côté d'une morille sans la voir. Si petite soit-elle, elle s'impose. Elle proclame humblement qu'elle n'appartient pas à son milieu.

– Mon royaume n'est pas de ce monde, dit-elle.

Ce pourquoi les connaisseurs la cueillent et s'empressent de lui offrir un palais digne de ses attributs.

La lyophilisation est un processus de déshydratation qui conserve tout le goût de sa victime. Le café, par exemple. Pour ce, il faut avoir un parent ou un ami universitaire qui ait accès à un laboratoire, à moins qu'on ne soit acoquiné directement avec les caïds de la Colombie ou de Java. La solution de rechange, c'est de poser les chères victimes sur un papier journal, dans le four électrique entrouvert, à 150 °F, avant de faire dodo et de les ensacher au réveil pour faire baver les touristes de passage en temps et lieu.

Autrement, on peut les manger fraîches sans le moindrement regretter l'excursion, sans le moindrement oublier la surprise, sans le moindrement gâter le plaisir.

Juin 1997

La mouche et la cigale

Chaque été que l'année ramène, en êtes-vous, comme moi, réduits à vous demander pourquoi il existe des insectes? La réponse va de soi, bien sûr. Ils sont un maillon très important dans la chaîne alimentaire, surtout pour les oiseaux, malgré les louables efforts de l'Insectarium de Montréal pour nous faire avaler des fourmis au miel et des sauterelles au chocolat. Ils jouent également un rôle primordial dans la reproduction des plantes, parce que, d'étamines en pistils, ils sont encore plus volages que Casanova lui-même.

Ah! si ce n'était que des abeilles, des papillons, des libellules et des lucioles, passe encore, bien que les papillons soient d'abord des chenilles dévoreuses de jardins, de vergers et de forêts. Hélas! il y a aussi les moustiques, les brûlots, les frappe-abord et les mouches noires qui sont la peste même…

Encore sommes-nous un peu chanceux de demeurer au Québec, car on peut s'en libérer sur les grandes nappes d'eau, comme sur le Saint-Laurent, le lac Saint-Jean, le Memphrémagog et bien d'autres.

Mais en rivière, en forêt ou en montagne, c'est vraiment la malédiction.

Les premiers Européens arrivés en Amérique n'ont pas été tendres envers l'odeur des autochtones qui se couvraient le corps de graisse d'ours comme d'un bouclier imperméable aux attaques de ces nuages vrombissants. La panacée est toujours recommandable, sauf qu'elle est quasiment aussi insupportable que le mal lui-même. Faute de bien la connaître, peut-être, je ne suis pas, non plus, friand de la pharmacopée commerciale.

Non, mon arme favorite demeure la paire de gants et la casquette au filet amarré sous les aisselles. Je ne crois pas que cela puisse empêcher les insectes de nous piquer, mais l'attirail est d'une telle laideur qu'il nous donne l'allure de Martiens en goguette, et les mouches, pas folles, se sauvent.

Il est prouvé que l'odeur des individus et leur formule sanguine jouent un rôle dans l'attrait exercé sur ces charmantes populations. Encore que je les attire beaucoup trop, je suis de ceux qui les attirent le moins. Un jour que je montais la tente à la baie des Rochers, je vis, en me retournant, que ma blonde, muette de résignation, était couverte de mouches noires. Je ne montai pas la tente et nous passâmes une agréable soirée dans un motel, près de la mer à Tadoussac.

Pour choisir ses destinations estivales, il faut savoir aussi que sur la rive droite du Saint-Laurent, Montérégie, Cantons-de-l'Est, Cœur-du-Québec, Côte-du-Sud, mouches noires et brûlots sont infiniment moins abondants, parce que leurs lieux de reproduction et de séjour, marécages, tourbières, pessières, couvrent moins d'étendue que sur la rive gauche où cela commence au pied des Laurentides pour s'en aller jusqu'à amen.

Enfin, un phénomène merveilleux nous est probablement réservé cet été, l'émergence des cigales dites périodiques. Cette variété de cigales s'enfouit dans le sol à l'état larvaire pendant dix-sept ans, puis émerge à la lumière en une armée d'une incroyable densité, qui s'agglutine aux moindres brindilles dans un concert de stridulations insupportables. En dix-sept ans, elles ont le temps de se faire oublier, et leur émergence crée régulièrement des paniques dans les villes et villages de l'est des États-Unis.

Or, nous avons aussi nos cigales de dix-sept ans. Dans son beau livre *L'Œil américain*[1], Pierre Morency raconte l'aventure d'un biologiste qui assista au phénomène de l'émergence dans les bleuetières du Lac-Saint-Jean et qui dut se réfugier dans sa voiture, toutes vitres fermées, pour la sauvegarde de ses tympans.

Pour une personne non avertie, il semble que le spectacle soit effrayant. Des milliards de monstres brunâtres sortent du sol en même temps et s'agrippent là où ils trouvent un support. Alors, le monstre se déchire sur toute sa longueur et il en sort une cigale qui se met tout de suite à télégraphier sa naissance. Elle rejoint bientôt le nuage de ses sœurs, un nuage qui se gonfle au point de créer de l'ombre au sol ainsi qu'un vacarme à en faire friser les ongles.

Le phénomène est peu connu ici, car il se produit avant la maturité des bleuets, à un moment où ces vastes espaces sont peu fréquentés, dans les semaines qui suivent le solstice, le 21 juin cette année.

---

1. Pierre Morency, *L'Œil américain*, Boréal, Montréal, 1989.

Or, et voilà tout l'intérêt de la cigale de dix-sept ans, l'émergence a été observée chez nous en 1963 et, dix-sept ans plus tard, en 1980. 1980 plus dix-sept, cela fait bien 1997.

Nous y sommes, non?

Inutile d'ajouter que c'est un rendez-vous dans les bleuetières du Lac, avec de la ouate ou des boules dans les oreilles, peut-être, mais surtout avec des gants et une casquette à filet, car les mouches noires nous attendent sûrement avec couteaux et fourchettes.

Août 1997

Le temps des gouttes

Louise Lessard avait un grand parapluie qu'elle laissait sécher ouvert sur son classeur en entrant au bureau le matin. Alors qu'ils passaient devant son cagibi, en route vers la cafetière, tous les collègues hochaient la tête en soupirant « Oui, maudit ! », car, par-dessus la cloison, on pouvait lire, tissé dans la soie : « Crotte ! Il pleut ! » Et pour être conforme à l'exclamation, le parapluie était brun.

Heures lourdes et grisâtres en toutes saisons que ces jours de pluie, fine ou accablante, mais particulièrement à l'automne, quand on sait que les grands ensoleillements ne reviendront pas de sitôt, ou alors que de façon très furtive.

Mon disque dur me rappelle soudain cette anecdote d'une journée aussi pesante à l'intérieur qu'à l'extérieur. J'étais allé voir le patron, Jean-Yvon, à midi, pour lui demander si nous pouvions manger ensemble.

— Bien sûr. En dedans ou en dehors ?

— Est-ce qu'il pleut encore ?

Il se dirigea vers ses fenêtres du seizième étage, hocha la tête et déclara :

— En bas, il y a des gens qui ont des parapluies et d'autres qui n'en ont pas. Et ceux qui n'en ont pas marchent pas mal plus vite que les autres !

Ennuyeuses réalités.

Encore la pluie ne dérange-t-elle pas beaucoup le train-train quotidien de la vie urbaine. À la campagne, le cultivateur veut souvent de la pluie. Une petite douce de vingt-quatre heures en avril pour achever le dégel et une autre quelques semaines plus tard quand les semences sont terminées. Entre les deux, il négocie ce qu'il peut avec le beau temps.

Le vacancier s'en passe plus aisément, à condition que la chaleur ne soit pas trop intense. Il faut avoir été encalminé sur le fleuve ou sur un lac, à bord d'un voilier dont le moteur meurt soudain en même temps que le vent, pour maudire, avec tous les instruments de son culte, le ciel qui nous crache des cordes et, surtout, les météorologistes qui ne nous avaient pas prévenus.

Parfois, et ce n'est guère mieux, on sera allé planter la tente sur un rivage perdu, à deux, à trois, à quatre, par un beau vendredi, avec des projets fabuleux d'exploration aux alentours. Dans la nuit, un bruit suspect sur la tente, toc, toc, toc, vous éveille et vous endort aussitôt. Mais au petit matin, plus d'illusions, c'est un tacatacatac continu. Il n'est même pas besoin de regarder dehors pour voir les longues herbes ployer sous les gouttes, ni pour deviner qu'une marche sous les arbres sera une douche continue.

Ah ! la pluie !

Pluies douces de mars qui abolissent les neiges.

Pluies viriles d'avril qui reverdissent les champs.

Pluies gentilles de mai qui les refleurissent.

Pluies mâles de juin qui démarrent les cultures.

Déluges de juillet qui inondent Montréal en 1987 et le Saguenay en 1996.

Pluies d'août bienfaisantes, qui chassent la canicule.

Pluies têtues de septembre, d'octobre et de novembre, longues, interminables, d'une tristesse absolue, à travers des jours ensoleillés parmi les plus éclatants de toute l'année.

Sept-Îles compte treize jours de pluie en septembre, onze en octobre et six en novembre. Seulement six en novembre ? Oui, les autres sont consacrés à la neige.

Et Montréal ? Douze en septembre, douze en octobre et onze en novembre, avec six jours de neige.

Des jours d'une tristesse absolue, vraiment ?

Non, pas vraiment.

Plutôt des jours d'une mélancolie parfois bienvenue, après les vertes équipées de l'été et avant les blancs affrontements de l'hiver. À la campagne, les enfants revenaient de l'école avec une comptine :

> *Mouille, mouille, Paradis,*
> *Mes cochons sont à l'abri.*
> *Mouille, mouille pas trop fort,*
> *Ma sœur est encor' dehors.*

La plupart des enfants n'ont plus de cochons, mais ils ont souvent une petite sœur. Qu'est-ce qu'ils peuvent bien chanter dans les autobus scolaires quand les essuie-glaces battent la mesure en faisant squish-squish, ou quand ils dévient de leur chemin pour marcher dans toutes les flaques d'eau ?

Automne.

La pluie tombe, tombera, et les feuilles, lasses hélas ! tombent, tomberont avec elle.

La terre a tout donné avec l'été. Les champs, les cultures, la forêt l'ont pompée à sec en la distillant pendant six mois. Elle a soif. Les sources veulent se refaire une santé pour passer l'hiver, et les barrages veulent, eux aussi, retrouver de quoi éclairer nos soirées d'après l'équinoxe.

Il pleut sur le monde et sur nous.

Il pleut pour tout le monde et pour nous.

Automne 1997

La neige a neigé

L'eau est la source première de notre vie. Avec l'air, bien sûr. Et, souvent, l'eau est en l'air. L'air se refroidissant quand la Terre change l'angle de ses mamours avec le Soleil en fin d'automne, l'eau a tendance à se figer en l'air. Elle se fige avec une élégance et une subtilité sans pareilles.

Elle se fige en cristaux à six pointes, toutes identiques dans le même cristal, mais toutes différentes d'un cristal à l'autre, ce qui crée des cristaux plus merveilleux les uns que les autres et tous dissemblables les uns des autres.

Une telle différence dans la parenté et une telle parenté dans la différence, faut le faire.

Comme des voyageurs dans le métro ou l'avion, merveille en moins, peut-être.

Et multitude en moins, surtout.

Mais ne voilà-t-il pas que ces cristaux s'agglomèrent dans l'espace, qu'ils entrecroisent maladroitement la beauté de leur structure unique et que, un peu lourds d'être là-haut, ils tombent.

Ils nous tombent dessus, et de bien des façons, mais de quelque façon qu'ils s'y prennent, c'est toujours de la neige.

Il y a la première neige, généralement timide, « feluette », qui vient zébrer la grisaille d'un ciel d'octobre ou de novembre; la belle grosse neige flottante et ouatée qu'on associe aux cartes de Noël; la neige collante qui engendre d'amicales guerres de pelotes ou qui donne naissance à de curieux bonshommes. C'est là, d'ailleurs, l'un des derniers refuges du chauvinisme mâle : il n'est jamais question de bonnes femmes de neige !

Il y a également la maudite neige, celle qui arrive au moment où l'on veut partir et qui em... bouteille la circulation, quand elle ne la paralyse pas tout à fait.

Il y a la neige qu'il faut pelleter chez soi avant d'aller au travail et celle que la municipalité n'a pas pelletée durant la nuit...

Mais il y a la neige complice, la belle neige, immense à perte de champs, à hauteur de collines et de montagnes, la neige qui encapuchonne les sapins, qui ourle les branches des arbres défeuillés, la neige qui snobe les roues et qui redonne sa liberté aux patins de tous genres, faisant glisser les skis, les traîneaux, et même les enfants sur les fesses; la neige qui sonne le retour à l'aventure dans des forêts profondes et le rappel des ballets sur les pentes; la neige indiscrète qui marque la trajectoire du voyageur, homme ou lièvre, qui signale l'atterrissage ou l'envol d'une gélinotte[1]; la neige qui répond de sa blancheur au renouvellement des saisons de notre pays.

La neige folle à s'y laisser tomber de tout son long sur le dos, en agitant les bras de haut en bas, pour

1. Encore une « perdrix », entre vous et moi.

80

y imprimer l'effigie d'un ange qui n'est autre que soi-même.

Je voudrais des chiffres sur l'importance économique de la neige chez nous : fourrures, lainages, tuques, foulards, mitaines, manteaux, parkas, bottes, sans oublier les sous-vêtements surtout; skis, patins, traîneaux et leurs «gréements» multiples; pneus, pelles, calcium, sable, charrues, souffleuses, camions, collisions, dérapages, remorquages...

Plus que tout autre élément, la neige contribue à la redistribution de la richesse, car l'un empoche rapidement ce que l'autre vient de perdre aussi vite.

Ce n'est pas rien, bien loin de là, mais quand je pense chiffres, j'ai également autre chose en tête.

Je pense au nombre de cristaux hexagonaux minuscules qu'il faut pour obtenir une lichette de neige, pour faire une pelote, un bonhomme, pour remplir une pelle, une benne de camion, pour couvrir un pays de la dimension du nôtre.

Cristaux tous différents les uns des autres.

Aucun duplicata.

Et d'une élégance, d'une délicatesse que la meilleure brodeuse du monde n'arrivera jamais, mais jamais, à égaler.

Cela nous tombe du ciel. Cela nous émeut ou cela nous fait sacrer. C'est selon. Mais cela peut nous rappeler notre *grandeur nature*, car, tous différents les uns des autres, nous sommes infiniment petits nous aussi à l'échelle des temps, infiniment légers et pas toujours aussi élégants qu'un simple cristal de neige.

Il n'y a rien là pour s'attrister, mais cela peut ajouter au plaisir de la réflexion quand, au retour de la montagne, de la forêt ou de la patinoire, on a le privilège de se dégeler les pieds devant une bonne flambée, en regardant, à la fenêtre, la neige qui tombe encore.

Hiver 1997

Bons rêves

Bonjour !

Je suis une ourse et, au moment où vous lisez ces lignes, vous savez très bien que je dors de mon sommeil hivernal, confortablement pelotonnée sur moi-même et sur mes nouveau-nés dans ma ouache. Sauf que, tout comme vous, j'ai le droit de rêver en dormant, et c'est de cela que je vous cause.

Pour votre information, ma ouache est à flanc du mont Louise, aux confins du Maine, dans la région de Mégantic. 45° 26' de latitude par 70° 47' de longitude. Altitude : 753 mètres. Mais la ouache est seulement à mi-pente, dans une toute petite grotte que j'ai trouvée par hasard en cherchant des bleuets l'automne dernier.

J'y suis très confortable, endormie dans ma graisse et ma fourrure, rêvant au bel été que j'ai passé et à l'autre qui viendra.

Nous, les ours, sommes des animaux plutôt solitaires. Je ne vis même pas avec mon cavalier, que j'aime et qui m'aime un peu j'espère, mais il est trop grognon pour que je demeure avec lui. D'autant plus que le glouton ne se priverait pas de manger mes bébés si la faim le tenaillait et si je n'étais là pour les protéger. Alors je vis seule, et je dors tout l'hiver avec eux.

À quoi je rêve?

À des pêches fabuleuses que je faisais l'été dernier le long du ruisseau du Club. Je suis une artiste de la pêche à la tape, et quand je me déguise en tronc d'arbre au bord d'un remous, malheur à la truite qui passe devant.

Je rêve aux framboises, aussi. Succulentes qu'elles étaient dans les abattis et les savanes qui bordent la rivière des Araignées!

Je rêve à mes randonnées fabuleuses parmi ces Appalaches où l'homme nous laisse de plus en plus tranquilles, nous les ours, qui nous passons volontiers des hommes. Par contre, je ne déteste pas fréquenter leurs dépotoirs, souvent plein de bonnes charognes qu'ils ont abandonnées je ne sais pourquoi.

Alors je rêve!

Je rêve que je suis bien et que l'hiver est doux quand on peut hiberner en paix.

Je rêve à vous, également. Comment va votre auto? Vos routes sont-elles bien entretenues? Avez-vous passé de belles fêtes? Hélas! un de mes petits les a passées avec vous, empaillé. Et la peau de ma mère est étalée sur le plancher, devant le foyer d'un de vos chalets.

Avez-vous beaucoup mangé? Pas trop bu?

Je vous parlerais longtemps de la volupté de l'hiver, quand on en profite pour dormir. Bien sûr, il y a les motoneiges qui ronronnent parfois près de moi, pires que les maringouins en été, mais je me vire de bord et je dors encore.

Voilà maintenant que je rêve à une mésaventure, ma cicatrice sur la fesse gauche. À l'aube, je m'étais aventurée dans un rucher près de Woburn. Du miel de verge d'or, corsé, superbe! Mais ne voilà-t-il pas qu'un chien me découvre! Un sale garnement que j'allais abattre d'une baffe quand ses aboiements m'ont attiré une volée de petits plombs.

Je n'ai pas demandé mon reste et me suis glissée dans la forêt. On me croit lourdaude, mais je suis souple, agile et finaude. La preuve en est que je dors l'hiver et que je rêve. Quand le printemps reviendra, et j'ai hâte, je serai la première à sortir pour tâter le temps avec mon gros museau, pour aller écouter la chanson des ruisseaux, pour dire bonjour aux corneilles et en croquer une ou deux à la dérobée s'il se peut.

Oui, je dors et je rêve. Le bonheur total, si ce n'était des cauchemars. Car je rêve aussi à mes sœurs de l'Abitibi. Là-bas, on leur a posé des colliers à transistors et on les repère dans leur ouache en hiver. On y pénètre, on leur tire une seringue anesthésiante, on leur arrache une dent pour connaître leur âge, on fait des prélèvements divers, on les bourre d'antiseptiques, on compte les oursons et l'on s'en retourne. Les biologistes du ministère de l'Environnement et de la Faune agissent ainsi pour préserver le cheptel contre la rapacité des chasseurs, disent-ils. Je croirais plutôt qu'ils veulent maintenir un cheptel propre à la rapacité des chasseurs.

Oh! Je voudrais bien que les ours soient assez intelligents pour poser des colliers à transistors aux hommes. Seulement pour contrôler le cheptel! Pour l'instant, l'univers appartient à l'homme et il en fait ce qu'il veut. Il veut construire partout sans démolir nulle part. Il veut tuer des ours, mais il veut qu'il en reste suffisamment pour en tuer encore. J'ignore si l'univers appartiendra un jour aux ours, mais je sais qu'il n'appartiendra pas toujours à l'homme.

Sans doute me trouvez-vous un peu folle, mais je ne suis qu'une ourse, et à mi-flanc du mont Louise, sous quelques mètres de neige, on conçoit le monde et l'on rêve d'une tout autre façon que sur les autoroutes et sur les ponts verglacés.

Février 1998

Le bonheur est une rivière

La rivière L'Assomption débouche de son lac homonyme dans les hauteurs du mont Tremblant, et si elle allait directement à son but, à la jonction de la rivière des Prairies et du Saint-Laurent, elle en aurait pour cent kilomètres tout au plus. Mais, sans doute pour doubler la longueur de son parcours et le temps de son plaisir, elle se tortille avec amour et furie, comme une démone, dans son lit de calcaire qui s'étend des gneiss laurentiens à la plaine limoneuse des bords du fleuve.

D'ailleurs, toutes les rivières issues du bouclier laurentien font de même, déboulantes de presse aux premières caresses du soleil printanier.

Sur la rive droite du fleuve, les Richelieu, Yamaska, Saint-François et Chaudière sont langoureuses, voire paresseuses. Elles ont tendance à s'étendre sur place en inondations impromptues plutôt que de couler vers là où le fleuve les attend. La faute en revient au soleil qui leur réchauffe la source alors que l'estuaire est encore pris dans la glace. Rive gauche, c'est le contraire. Le soleil libère d'abord l'estuaire, puis il remonte les rivières jusqu'à leur source, aussi longtemps qu'il reste des neiges à fondre.

Cela fait un printemps grondeur, tumultueux, qu'il fait bon entendre, mais qu'on observe tout de même d'un œil suspicieux, car, bien loin d'inonder les terres, les rivières impétueuses s'acharnent sur les berges et, parfois, emportent triomphalement un bouleau, une épinette qu'elles brandissent comme un trophée, de cascade en cascade, jusqu'à ce qu'elles les abandonnent dans le sable d'une anse ou qu'elles se les fassent enlever par un rocher plus entêté qu'elles.

Pour avoir vu les chutes de la Ouareau en plein été à Rawdon, j'imagine que le printemps y met du sien là aussi, mais grâce à mon amie Lise et au peintre Pierre Lafleur, je connais plus intimement la rivière L'Assomption.

Quelques hommes de génie – il en existe encore dans nos administrations municipales – ont décrété que ses rives deviendraient un parc entre les Dalles, à Sainte-Béatrix, et les chutes Monte-à-Peine, aux frontières de Saint-Jean-de-Matha et de Sainte-Mélanie. Un sentier bien aménagé suit la rivière dans tous ses exploits sur un peu plus de sept kilomètres; des passerelles la sautent ici et là, et c'est un grand bonheur de voir et d'entendre gronder les eaux de mars.

Pour tout dire, je suis un peu jaloux d'Antonio-Carlos Jobim et Georges Moustaki qui ont écrit la chanson avant moi :

> *C'est l'hiver qui s'efface*
> *C'est l'averse qui verse*
> *Des torrents d'allégresse*
> *Ce sont les eaux de mars*

Le moindre ruisseau peut également être source d'inspiration, surtout quand on l'entend murmurer sous la neige sans encore le voir. Même les fossés de campagne, dans la boue qu'ils charrient, gazouillent quelque chose comme :

Un tronc qui pourrit
La neige qui fond
Le mystère profond
La promesse de vie

Mais le long de L'Assomption, qui se faufile dans le piémont laurentien de Lanaudière, ce n'est plus une simple chanson avec accompagnement de guitare. Quand toutes ces masses d'eau s'enfilent entre les Dalles comme dans le chas d'une aiguille, quand elles jouent à saute-mouton dans les cascades Desjardins, quand elles s'ébrouent de tout bord et de tout côté et qu'elles se tirent en l'air entre les rochers de la Monte-à-Peine, c'est une orchestration puissante et millénaire qui soutient la mélodie et l'émotion du marcheur devant un spectacle annuel auquel il s'attend toujours mais auquel il n'ose jamais croire :

C'est l'hiver qui s'efface
La fin d'une saison
C'est la neige qui fond
Ce sont les eaux de mars

Après la chute Monte-à-Peine, L'Assomption devient plus tranquille et serpente sans se hâter vers Joliette, vers l'été, vers le festival international de

Lanaudière où elle arrête un moment, le temps d'écouter d'autres concerts que le sien.

Mais l'été est encore loin.

Le printemps arrive à peine et il appartient d'abord à la rivière.

En ces temps de revendications totales et capitales de nos droits personnels, corporatifs et constitutionnels, comme le droit d'être un imbécile et le droit de dire des sottises à volonté, il en est un, il me semble, qu'on devrait écrire en lettres moulées, ou mouillées, dans la Charte des droits et libertés :

« Au printemps, tout homme a droit à sa rivière. »

Une utopie de plus ou de moins qui passe à vau-l'eau comme le bouleau ou l'épinette de tantôt, cela n'ajoute-t-il pas un petit rien du tout à la joie du printemps ?

Avril 1998

Big-bang! (bis)

Découvert en décembre 1997 dans le contexte du programme Spacewatch de l'Université de l'Arizona, le caillou fait 1,6 km de diamètre dans l'immensité sidérale.

Aussi bien dire un maringouin dans le Centre Molson.

Toutefois, il pourrait percuter la Terre en l'an 2028, le 26 octobre plus précisément, ce qui revient à dire qu'il piquerait la joue de la belle dame assise sur la banquette juste devant moi, à mes 92 ans si je me rends là, et, au lieu de lui regarder la joue enfler un petit peu, je regarderais la poussière sortir du point d'impact sur ma planète, comme d'une vesse-de-loup séchée sur laquelle on a mis le pied par erreur.

À moins qu'il ne me tombe sur la tête, auquel cas je ne devrais pas voir grand-chose.

Il s'agit de l'astéroïde 1997 XFII, une grenaille dans la poubelle planétaire où nous orbitons avec joie, convaincus de notre immortalité à bord de notre vaisseau spatial, notre Terre chérie.

La plus grande découverte de l'ère spatiale, c'est l'espace. Invraisemblable, l'espace! Nous qui vivons collés les uns sur les autres pour économiser le chauffage, le transport et la paix, nous ignorions jusqu'à tout récemment l'immensité du vide dans lequel nous nous épivardons.

Faux.

Nous le savions un peu, mais sans très bien nous en rendre compte. Depuis que nous fabriquons des satellites explorateurs, nous réalisons mieux les distances, avec le temps qu'ils mettent à se rendre d'une planète à l'autre, sans être encore jamais sortis de notre système solaire.

Le Soleil en viendrait-il à s'éteindre, nous ne le saurions que huit minutes plus tard tellement il est loin. Et si Alpha du Centaure, sa plus proche voisine, décidait elle aussi de s'éteindre, nous le saurions cinquante-deux mois plus tard.

Bref, le vide est plein de vide.

Avec des maringouins dedans.

Et quand ils piquent, ils piquent fort.

Épisode évocateur, les dinosaures auraient été effacés de la surface du globe par un astéroïde tombé au bout de la péninsule du Yucatan il y a 66,4 millions d'années, à quelques poils de barbe près.

L'explication est simple. La granule, une pièce détachée de quelque grand tout, orbite follement dans l'espace selon les lois de la gravitation et se heurte fatalement à plus importante qu'elle, la Terre, par exemple. Il y a choc, explosion, pulvérisation, liqué-faction, éjection, pollution, obstruction par toutes les matières qui se transforment en un nuage opaque, un voile de deuil enroulé entre le Soleil et la vie.

Fini la photosynthèse. Fini la chlorophylle. Fini la flore. Fini le butinage des abeilles, main dans la main avec les papillons. Fini le broutage des herbivores. Fini la mangeaille des carnivores. Les plus brillants d'entre eux se jettent à la mer et deviennent mammifères marins, comme dauphins et sirènes, en chantant, avec Zachary Richard :

> *Travailler, c'est trop dur*
> *Et voler, c'est pas beau*
> *D'mander la charité*
> *C'est quequ'chose qu'j'peux pas faire*

L'homme apparaît alors et il n'est point venu d'autre caillou des espaces sidéraux pour l'anéantir lui aussi, après tant d'autres espèces répertoriées dans les couches géologiques de la planète.

Il n'est pas dit que son tour viendra, non plus, car il a la faculté de détecter les cailloux sidéraux, de les voir venir de loin, et il s'apprête même à les détourner de leur trajectoire ou à les volatiliser ailleurs qu'ici bas.

C'est du moins ce qu'il croit et ce qu'il espère réussir avec ses tapettes à mouches spatiales qu'il brandit à bout de bras dans les parages de ses orbites accessibles.

Aux dernières nouvelles, il se peut que 1997 XFII passe au large de notre Terre bien-aimée, mais en nous répétant, peut-être, de toujours faire bien attention, car il a le pouvoir de nous anéantir ou de nous enrichir au-delà de tout espoir.

Alors que des pays creusent le sol pour en obtenir des énergies fossiles qui s'appellent charbon ou, surtout, pétrole, 1997 XFII nous rappelle qu'un mégalithe, astéroïde, granule ou poussière céleste, est tombé sur le site dit de Manicouagan, il y a 210 millions d'années, et que le cratère creusé par son impact a formé un beau lac rond qui alimente en lumière et en chaleur toutes les chaumières du Québec contemporain.

Et même quelques-unes chez l'Oncle Sam.

Juin 1998

Ni queue ni tête

Impossible d'oublier le cri de surprise de l'enfant.

Je bêchais une plate-bande et elle était assise dans l'herbe à trois pas de moi, attentive aux mouches, aux papillons, aux oiseaux. Moi, je l'entretenais d'un certain verbiage pour qu'elle m'endure et que je puisse terminer mon travail sans qu'elle ne s'ennuie trop. Soudain, regardant de près la terre fraîchement retournée, elle s'écria :

— Papa ! Une bibitte saucisse.

La bibitte en question avait été dérangée dans son habitat et se tortillait en plein air dans l'espoir de se refaire un souterrain habitable jusqu'à la nuit.

Car le lombric, mieux connu sous le nom de ver de terre, n'aime pas sortir en plein jour. Habitant de l'obscurité permanente, il ne sort de terre qu'à la faveur de la nuit quand la pluie a inondé ses galeries souterraines et qu'il a besoin d'air. C'est ainsi qu'en ville il s'égare sur les trottoirs où on l'écrase sans le vouloir, au petit matin.

Souvent, ce sont plutôt les merles qui les retrouvent au même petit matin, alors qu'ils tentent de réintégrer leurs terriers, mais trop tard, et qu'un bout de queue dépasse encore dans le gazon.

Un bout de tête ou un bout de queue? Nul ne saurait dire, pas le merle, qui s'en fiche éperdument, ni même le lombric qui confond l'une avec l'autre.

Le lombric est aussi méconnu et méprisé que l'air que l'on respire. Mais sans lui, la vie serait bien différente.

La vie est toujours différente, sans nous.

En creusant la terre comme un employé de métro, le lombric aère le sol et crée des voies d'aménagement pour le bon étalage des racines. Il crée de l'espace entre les choses, et l'espace est une des denrées les plus précieuses de l'univers, comme le savent les malades dans les corridors des salles d'urgence.

Cela se dit «faire de la place pour les autres».

Assez curieusement, le ver de terre fait à longueur d'année ce que je faisais ce jour-là : il bêche la terre. D'abord il mange le terreau, ensuite il le régurgite et tout cela fait un brassage minuscule, mais permanent, qui assure la fertilité des sols.

Charles Darwin, mieux connu pour ses visites aux iguanes des Galapagos et sa théorie de l'évolution, a été un observateur passionné des lombrics, un fou qui les observait avec la patience et l'astuce d'un détective. Le premier, peut-être, il nous a appris que leur labeur était responsable du renouvellement de nos sols qui, autrement, seraient compactés sans espoir d'utilité agricole.

Mangeur de terre et des détritus végétaux qu'elle contient, notre lombric nourrit ensuite le merle, la taupe, la couleuvre, la salamandre, le crapaud, la mouffette et le renard, quand celui-ci ne trouve rien d'autre.

Bref, c'est une « bibitte saucisse » très recherchée dans le monde animal, tout autant que le hot-dog chez les humains. Mais le pire du meilleur, c'est que les poissons ne le dédaignent pas. Les puristes de la pêche, oui, mais pas les poissons.

Les puristes de la pêche préfèrent la mouche ou le leurre qu'ils lancent pendant neuf manches ou plus, à la manière de Pedro Martinez ou de Greg Maddux, sous l'œil attendri de Felipe Alou, dans l'espoir d'attraper un trophée Cy-Young plutôt qu'un poisson, alors que les paresseux, les malhabiles et les sans-grades enfilent un malheureux lombric sur l'hameçon et le trempent à l'eau, souvent en clandestinité. Aussitôt, les truites se garrochent comme des folles qui n'en peuvent plus de voir des mouches et qui se meurent pour des lombrics.

Souvenirs d'une excursion de pêche. Nous étions vingt. Dix-huit passèrent deux jours dans le chalet à boire du... jus d'orange. Lucien et moi pêchâmes la limite permise pour tout le monde, en sautant d'un lac à l'autre dans des décors époustouflants où les maringouins se précipitaient pour nous embrasser.

Nous pêchions avec des lombrics qui grouillaient dans la terre noire un peu au-delà de la « bécosse », honte à nous.

On dira que ce n'est pas très sportif et j'en conviens, mais c'était gratifiant en pas-pour-rire.

J'en garde un profond respect pour les lombrics, ces humbles des plus humbles de la terre, qui foisonnent en dessous de tout et qui sont une ressource universelle pour ceux qui se croient au-dessus de tout.

Ver de terre, qui n'en est pas dans l'immensité de l'« uni-vers » ?

Et justement, le spécimen fossile supposément venu de la planète Mars et retrouvé en Antarctique l'an dernier avait toutes les allures anatomiques d'un message d'amitié parentale.

Août 1998

L'énergie du désespoir

Me connaissant un peu moi-même, je sais que l'homme est un imbécile, mais je m'émerveille toujours de sa progression, de son évolution, si lentes soient-elles à travers les siècles. Probablement à la faveur d'un orage qui embrasait la forêt, l'homme s'empara du feu, découvrit la chaleur artificielle, si utile en hiver, ainsi que le goût du rosbif, du poisson grillé et du poulet rôti.

Le bois fut sa première rencontre avec les réservoirs énergétiques transformables dans la nature.

Quand découvrit-il les énergies fossiles que sont le charbon, le gaz naturel et le pétrole?

On sait qu'à Delphes, 2 800 ans avant nous, un jet de gaz naturel affleurant et enflammé mettait en transe la pythie, qui proclamait les oracles d'Apollon dans le temple construit en son honneur sur les lieux du phénomène.

On signale une première exploitation de charbon en 1233 à Newcastle, en Angleterre, mais l'exploitation privée fut sans doute préalable un peu partout sur notre boule.

Qui a bien pu recevoir la première giclée de pétrole dans les yeux en creusant la terre pour autre chose? Une anecdote pourtant fort triste m'avait fait pleurer de rire, sauf que je n'en trouve plus la référence. Un colon du Midwest américain avait découvert du schiste bitumineux sur sa concession et, ignorant la composition de cette belle pierre noire si facilement clivable, il en avait fait l'âtre et la cheminée de sa nouvelle habitation. Quand il pendit la crémaillère, tout y passa, évidemment, pauvre homme!

Ces énergies fossiles, en plus d'engendrer le feu, ont engendré la vapeur qui devint industriellement utile à la fin du 18e siècle. Il y a des sources d'énergie plus subtiles que le bois, le charbon, le gaz et le pétrole. L'eau et le vent, par exemple. Depuis des siècles, l'homme les utilise pour actionner les machines les plus diverses. Les Grecs utilisaient une horloge à eau, la clepsydre. En Hollande, on a utilisé les moulins à vent pour pomper l'eau et la retourner à la mer du Nord, au-delà des digues qu'on érigeait pour agrandir les terres arables arrachées aux fonds marins. Et, chez Marianne comme partout ailleurs, on les utilisait pour moudre le grain.

Thomas Edison aurait été le premier à utiliser l'eau pour la production d'électricité, en 1882, et son invention a fait fureur, tout simplement parce que les rivières n'arrêtent jamais de couler. Le bois, le gaz, le charbon et le pétrole n'ont certes pas perdu leur place, mais l'hydroélectricité a révolutionné le sort et l'essor de l'homme au 20e siècle, ne serait-ce que par la facilité de son transport, comparée aux autres sources.

Mais l'électricité ne se conserve pas, ne se stocke pas, et les rivières ne coulent pas partout, alors que le vent…

Le vent est partout mais il est inconstant comme l'homme.

Or, j'ai un ami brillant et fou qui vient de faire breveter une invention qui lui vaut des appels du Yukon aussi bien que du Danemark. Il s'agit de transformer le vent en électricité, l'électricité en eau chaude et l'eau chaude en chauffage ainsi qu'en commodités usuelles.

L'invention, c'est un thermostat séquentiel qui distribue l'électricité d'un réservoir à l'autre, à mesure que chacun atteint sa température optimale. Une éolienne sur le toit, une génératrice, quelques thermostats sur quelques réservoirs au sous-sol et l'énergie éolienne, captée quand elle passe, est emmagasinée dans l'eau chaude comme le steak dans le congélateur.

Les éoliennes pourraient être communautaires pour usage domestique, elles pourraient se percher sur les centres commerciaux, sur les usines, partout, comme les antennes de télévision avant l'invention du câble.

Bien sûr, Hydro-Québec y a aussi pensé avec l'entreprise privée. Il en est résulté des monstres comme ce grand batteur à œufs d'éolienne à Cap-Chat, une sculpture exemplaire et magnifique dans le paysage, mais un monument à l'incurie de ses créateurs, car elle écrase ses billes de roulement sous son poids et elle a si peu tourné qu'on se demande si jamais elle tournera encore.

Il n'y a pas de grands moulins en Hollande, il y en a de petits partout.

Après le vent, il faudra songer plus sérieusement à l'énergie solaire, la lumière.

Tous nos vaisseaux spatiaux sont alimentés par des capteurs solaires. Ces vaisseaux n'ont évidemment pas les besoins énergétiques d'une ville comme Montréal, mais je ne doute pas que l'homme apprivoisera un jour l'ultime subtilité, la lumière, un élément naturel comme le bois, le charbon, le gaz, le pétrole, l'eau et le vent.

Le nucléaire?

Depuis un demi-siècle, c'est une épée de Damoclès, une menace à toute vie, une catastrophe en chapelet.

Pour l'instant, les éoliennes sont dans le vent, et le vent est gratuit partout.

Automne 1998

Bord de glace

Au moment où Samuel de Champlain trimait pour installer une colonie française sur les bords du Saint-Laurent durant la première moitié du 17e siècle, le poète et prédicateur anglais John Donne écrivait : «Aucun homme n'est une île en lui-même; tout homme est un morceau du continent. »

Cette réflexion m'est revenue en mémoire l'été dernier quand j'ai dû refuser une invitation du Centre local de développement de Charlevoix qui organisait, à l'île aux Coudres, une rencontre sur les richesses et les attraits des îles du Saint-Laurent.

Comme beaucoup de nos affirmations, celle de Donne est aussi fausse qu'elle est vraie, car, à des degrés divers, nous sommes tous enfermés comme des îles dans notre singularité. Un proverbe ne dit-il pas : «Ta liberté d'étendre le doigt s'arrête là où commence mon nez » ?

Une île est aussi une singularité, un accident de la mer, et nous nous y accrochons, au contraire des poissons qui la contournent.

Regardons seulement arriver Jacques Cartier en 1534. Il entre dans le golfe par le détroit de Belle-Isle et longe sa rive nord parmi un archipel invraisemblable qu'il appelle « Toutes-Isles ». Ensuite, il retourne vers l'île de Terre-Neuve et en suit la côte ouest vers le sud. Le rocher aux Oiseaux, les îles de la Madeleine, l'île du Prince-Édouard, qui n'avaient pas encore ces noms, il s'en émerveille et il le dit, devant cette magie de sel, de sable et d'eau.

À son second voyage sur nos bords, il reconnaît l'insularité d'Anticosti, découvre les îles Rondes qui deviendront Sept-Îles, et il remonte le fleuve d'une île à l'autre. Il fait justement chanter une messe à l'île aux Coudres, parmi la brume, les vagues et les espérances. Ensuite il poursuit sa course. Il bave d'admiration devant l'île de Bacchus, pleine de vignes malingres, mais qui changera de nom en l'honneur du prince d'Orléans quand on s'apercevra que les raisins sont aussi extraordinaires que les faux diamants du cap de Stadaconé.

Après s'être installé un peu devers ce village amérindien, sur l'actuelle rivière Saint-Charles, il remonte encore le Saint-Laurent, à qui il avait donné son nom pour tous les géographes du monde. Il se heurte à l'archipel des îles de Sorel mais réussit à passer outre pour se rendre à Hochelaga, une autre île, coiffée d'une montagne et point central d'un archipel indéfinissable.

Champlain reprendra son exploration et amorcera la colonisation du Saint-Laurent, avec le résultat que nous vivons ici aujourd'hui. Détail pas toujours évident, sur près de sept millions d'habitants, nous sommes des insulaires presque pour un tiers en cette année 1998, soit environ 2 219 094 pour 6 895 963 Québécois, parce que le Québec, c'est beaucoup le Saint-Laurent.

Déjà qu'il faille des ponts, des bateaux ou des avions pour gagner la terre ferme, voici venu l'hiver, son froid, ses neiges, ses glaces et son verglas qui bloquent le fleuve, qui bloquent les ponts, qui abattent les lignes de transmission et qui rendent les insulaires encore plus insulaires, dans leur maison, dans leur auto.

Chaque individu, chaque maisonnée devient une île parmi les îles et la proportion des insulaires frise maintenant les 80 %.

Mais la solidarité prend le dessus et, de tous les coins continentaux, le bois de chauffage arrive, par camion ou par train, avec, souvent, sur une bûche, un nom, une adresse, un bon vœu.

L'insularité est un phénomène québécois qui date de la Nouvelle-France et qui n'a peut-être pas été suffisamment inventorié dans l'aménagement de notre société.

L'hiver itou.

Mais la neige est belle sous le soleil quand il fait chaud dans la maison et que, d'Anticosti à Valleyfield, l'insularité est synonyme de solidarité… continentale.

Bonjour, John Donne !

Hiver 1998

Re-bonjour, Couguar !

C'était un midi de novembre 1996. Michael Price était assis à table et mangeait en regardant dehors, à sa maison du chemin Rosenberry, entre Knowlton et Sutton, quand il vit soudain passer un chat beige de près de deux mètres qui retroussait une queue de près de un mètre.

– Jennifer !

Mais son épouse, qui était à la cuisine, n'accourut pas assez vite pour voir la « chose ».

L'apparition avait duré dix secondes au maximum. Michael sauta dans son auto pour tenter d'intercepter la bête, mais il ne la revit plus et, en rentrant à la maison, il aperçut des chevreuils qui broutaient au bout du champ d'où était venu l'intrus.

Il se souvint alors que, la veille, il avait observé des chevreuils au bout de son champ, puis une bête à la robe plus claire, tapie dans un repli de terrain. Soudain, les chevreuils avaient filé comme l'éclair et l'autre bête avait regagné la forêt en sens inverse. Michael avait d'abord pensé à un coyote, car il n'en manque pas dans la région, mais sa vision du lendemain l'orienta définitivement vers la piste du couguar, malgré les sarcasmes de ses amis et de ses proches.

Dans le *Conseil tenu par les rats*, Jean de La Fontaine raconte comment ces derniers s'entendirent pour accrocher un grelot au cou de Rodilard, le matou qui dévastait leur colonie. Le problème fut de recruter un volontaire pour ce faire.

De même, Michael se mit à téléphoner à quelques voisins pour découvrir que plusieurs d'entre eux avaient également aperçu des couguars, mais qu'ils n'en parlaient pas de peur de passer pour timbrés. En effet, dit Michael, ceux qui ont vu des couguars ont moins peur de la bête que de l'opinion publique quant à leur santé mentale.

Et pourtant, le couguar fait un retour très remarqué au Québec. Remarqué au point que le ministère de l'Environnement a cru bon de publier, en décembre 1997, un document de 84 pages sur les observations du *Felis concolor* au Québec, de 1955 à 1995. Sur un total de 175 observations dûment contrôlées, l'Abitibi-Témiscamingue vient en tête avec 41, dont un spécimen abattu. Suivent les Cantons-de-l'Est avec 38, le Bas-Saint-Laurent avec 31, la Gaspésie avec 13 et le Saguenay avec 12.

Étrangement, on ne rapporte aucune observation à Montréal ou à Laval !

Le document, compilé par Mme Josée Tardif, est du plus grand intérêt pour la raison que, jusqu'à récemment, les observateurs refusaient de rapporter les cas pour les raisons données plus haut.

On ne sait pas très bien si le couguar arrive ou s'il revient, car l'histoire est peu bavarde sur le sujet. Dans *Les Mammifères du Canada*, en 1977, A. F. W. Banfield prétend qu'on a décimé la population ou complètement exterminé l'espèce dans ses anciens territoires du centre et de l'est du Canada, mais il signale sa présence au Nouveau-Brunswick. Il n'y a pas de doute que, depuis 1850, les Canadiens y sont allés rudement de la hache et de la panoplie de leurs scies dans les forêts de l'Abitibi, des Cantons-de-l'Est, du Bas-Saint-Laurent, de la Gaspésie et du Saguenay. Aujourd'hui ces forêts sont largement abandonnées à la repousse, ramenant le cerf de Virginie en abondance, et on ne voit pas pourquoi le couguar ne l'y accompagnerait pas.

C'est lorsqu'il croise des routes ou des chemins forestiers que le félin est le plus souvent observé, et sa queue est l'ornement le plus spectaculaire de sa personne. De la grosseur d'une bonne corde, elle peut atteindre le tiers de la longueur totale de la bête et son extrémité est généralement retroussée vers le haut.

En aucun cas on ne signale que le couguar se soit attaqué à l'homme, et les observateurs jugent plutôt la bête nonchalante ou indifférente en leur présence. Dans la plupart des cas, elle disparaît, furtivement ou à grands bonds.

Une des observations les plus étonnantes a été rapportée sur les ondes, l'automne dernier, par un golfeur des Cantons-de-l'Est qui avait envoyé sa balle dans les taillis. Il la vit rebondir dans l'allée, poursuivie par un couguar.

Le couguar s'appelait Tiger Woods, peut-être !

Février 1999

Pâques est dans la lune

On ne dira jamais assez combien la Lune influence nos vies, pour l'excellente raison qu'on ne le sait pas très bien.

Ce que l'on sait, toutefois, c'est que, par phases incompatibles avec celles du Soleil, elle embrouille tous nos calendriers, qu'ils soient maritimes, médicaux ou religieux.

Nos compagnes savent aussi qu'elle revient aux vingt-huit jours.

Il en sera question ici à cause de la lune de Pâques, mais l'astre quasi jumeau de la Terre est omniprésent dans toutes nos activités, dans beaucoup de nos bonheurs et, dit-on, dans la plupart de nos malheurs.

Le Soleil est régulier à peu près comme une horloge et nous fait son année en trois cent soixante-cinq jours et un quart.

Déjà, cela est faux.

C'est la Terre qui tourne autour de lui en ce temps approximatif qu'il faut corriger de quelques granules d'un millénaire à l'autre.

Mais pendant ce temps-là, la Lune tourne autour de la Terre comme un enfant autour de sa maman et perturbe toutes sortes de certitudes, plus désirées qu'assurées.

Pour les musulmans, le plus mince croissant de janvier détermine le début du ramadan, où l'on jeûnera du lever au coucher du soleil pour s'offrir ensuite en abondance les victuailles nécessaires à la survie du lendemain. On déjeunera avant l'aube et l'on fera sa journée jusqu'au coucher du soleil. Mais c'est le retour de la nouvelle lune, la lune noire, qui mettra fin à l'exercice, parmi les réjouissances que les embargos n'empêchent pas.

Cet exercice se passe en janvier et février. Ensuite, on passe aux traditions juives et chrétiennes.

Pour les juifs, le signal des réjouissances ou des lamentations était la pleine lune du printemps, la lune de Nizan, qui rappelait l'exode de l'Égypte, alors qu'un ange épargnait les maisonnées dont le linteau des portes avait été peinturluré du sang d'un agneau.

Les chrétiens ont pris la relève avec Pâques, fêté le premier dimanche qui suit la première pleine lune du printemps.

En 1999, la première pleine lune du printemps nous apparaîtra le dernier jour de mars.

À cause de la Lune, Pâques se promène du 22 mars au 25 avril. Il tombera le 22 mars en l'an 2285 et il est tombé le 25 avril en 1943.

Cette année, comme un baiser sur la joue, il nous arrive le 4 avril, avec l'heure avancée de l'Est.

En guise de souhaits de Pâques, les Allemands ont l'habitude de chanter :

Fröliche Ostern
Viele eier
Wenige schnee

c'est-à-dire : Joyeuses Pâques ! Beaucoup de cocos, peu de neige !

Ce souhait amène une autre réflexion, toute grammaticale. En français, on dit *Joyeuses Pâques aux bonnes gens* et *Pâques joyeux aux gens bons*, car le masculin et le féminin se bousculent selon que les adjectifs et les substantifs se précèdent ou se suivent, dans la fesse boucanée du cochon.

Quand ils sont dans la lune.

Cette merveilleuse lune du printemps, 31 mars, cette année, toute pleine de promesses.

Promesses de fleurs et d'oiseaux.

Promesses d'amours printanières.

Promesses de semences et de récoltes.

La pleine lune du printemps a toujours été le signe d'une bénédiction, d'un retour aux ébats et aux ébahissements de la jeunesse dans un hémisphère septentrional qui se retourne enfin vers le Soleil pour la promesse de jours plus cléments, sans trop de problèmes. Un gel ici ou là sans doute, mais ne m'en demandez pas trop.

La lune de Pâques est un gros, un très gros coco.

Avril 1999

La noblesse du poisson

C'est une obsession historique et permanente que ce saumon-là !

À preuve, le *Répertoire toponymique du Québec* en répertorie plus d'une quarantaine de lieux, baies, étangs, lacs, îles, rivières surtout. Jusqu'au fin sud du Québec où il est bien douteux qu'il s'en trouve encore, même si le nom persiste.

Mais Salar, c'est son nom scientifique, Salar est tenace et revient encore au plus loin qu'il le peut.

Malheureusement, il le peut de moins en moins, semble-t-il, et ses exploits n'ont plus de prix.

Comment peut-on croire, par exemple, que Salar remontait jusque dans la rivière qui porte son nom dans la circonscription de Weedon, dans les Cantons-de-l'Est? Il remontait le Saint-Laurent et ensuite la Saint-François? Saumon ou truite? Même problème au Saguenay, beaucoup plus accessible pour Salar, mais l'aurait-on confondu avec la ouananiche, un saumon enfermé dans ses lointaines frayères par l'exhaussement du continent, mais non moins délicieux que son ancêtre?

Aujourd'hui, on trouve rarement Salar ailleurs que dans les rivières de la Côte-Nord, de la Gaspésie ou des provinces maritimes. Et il semble que les temps lui soient difficiles, car les grandes pêcheries des rivières Moisie, Saint-Jean, Cascapédia sont un peu en perte de vitesse.

Et pourtant, Salar a beaucoup à nous apprendre.

Né dans le haut des rivières, il devient tacon et se rend à la mer avec la saison, avec le temps, s'il n'est pas «phoqué» chemin faisant. Devenu adulte dans le golfe ou le proche Atlantique, il revient frayer aux lieux de sa naissance en multipliant les prouesses pour remonter les courants et les chutes de son enfance.

Il est difficile de penser «saumon» sans penser à Napoléon-Alexandre Comeau, le roi de la Côte-Nord, qui l'étudia de toutes sortes de façons alors qu'il était maître de la pourvoirie sur la rivière Godbout. Il comptait les captures sur toutes les rivières, il étudiait et notait l'anatomie des poissons, et ce, en toutes saisons. Une de ses histoires les plus extraordinaires, c'est quand il est convoqué par un universitaire pour identifier un poisson inconnu.

— C'est un saumon, dit-il.

— Mais non !

— Mais oui. Il a frayé, il a vieilli et il va mourir au lieu de son enfance avec un croc poussé au bout de sa mâchoire inférieure.

Les histoires de Napoléon-Alexandre Comeau dans *La vie et le sport sur la Côte-Nord* sont absolument inénarrables, mais il suffit de les lire pour les croire.

C'était à la fin du siècle dernier, et les choses ont bien changé.

Mais pas Salar. Il conserve ses habitudes de descendre à la mer et de revenir pour frayer, et parfois mourir, bien souvent.

Tout de même, les tacons redescendront les rivières magnifiques qui se marient avec les rochers et les sables dans des paysages où l'aventure est souvent personnelle et grandiose.

On peut mesurer la pesanteur des villes et de leurs obligations à la joie que leurs citadins découvrent, non sans frais, dans des sites où Salar vient les provoquer annuellement au bout de ses aventures et parmi la leur, pour son frai.

C'est un être vigoureux, un as de la gymnastique, de la nage et de la détermination.

Quand on n'a pas les moyens de voler vers Anticosti pour voir Salar remonter la rivière Jupiter, et se reposer un moment dans les étangs translucides, parmi des galettes de dolomie et de calcite, il reste toujours la possibilité de se faire un pâté au saumon, saumon frais, saumon du Pacifique, saumon en boîte, purée de pommes de terre, estragon, pâte brisée, béchamel et œufs durs tranchés fins, ou ketchup aux fruits, si l'on préfère, souvenir d'aventures, de rivières et de paysages où Salar va et vient, nous traîne et nous entraîne avec des leçons séculaires.

Le saumon, comme l'amour, est un grand revenant, et Salar nous apprend que nous retournons tous à notre enfance.

Au bout de toutes les rivières.

Juin 1999

Parfums de terre

Combien sont-ils, combien sont-elles à désherber leur potager en ce mois de juin qui va clore le printemps pour saluer l'été d'avant l'an 2000?

Et peut-on parler de la prestance des jardiniers dans un magazine consacré à l'aventure?

Car le potager est une grande aventure, une aventure de patience envers soi, une aventure de connivence avec le soleil et la pluie, une aventure de méfiance vis-à-vis des insectes, des marmottes, des ratons laveurs et... des enfants des voisins.

Il n'est pas question ici des maraîchers, citoyens admirables par le secours qu'ils apportent au ventre du pays, mais bien de ceux qui ne le sont pas et qui veulent ajouter à leur table, à leur plaisir en voyant leur travail s'épanouir avec l'évolution des saisons, dans un carré de terre près de la maison sur les propriétés rurales, dans un mouchoir de terre sur une propriété urbaine, parfois dans une simple plate-bande où les géraniums escortent les laitues et les fines herbes, parfois sur un modeste balcon.

Balcons! Rue Girouard à Montréal, au sud de Sherbrooke, il faut voir ce que nos compatriotes italiens ont fait de leur balcon et de leur terrasse exiguë. Sur des supports métalliques ou autres qu'ils ont inventés, des vignes grosses comme le bras leur font, l'été durant, une canopée confortable et, avec la fin de l'été, des grappes succulentes leur pendront au-dessus de la tête. Sans parler des courges, au pied de ces structures et à cinq centimètres du trottoir, qui montent à l'assaut des tuteurs pour masquer le balcon lui-même et apporter un peu de fraîcheur au gardien qui, derrière ce mur vert et vivant, veille sur les prédateurs.

Le tout accompagné de concombres, de tomates, de basilic, d'origan, de sauge, de persil, de dahlias et de rosiers grimpants parfois.

Les personnes qui s'engagent dans ces aventures ne prendront pas trois semaines de vacances pour aller visiter les châteaux de la Loire ou les jardins de Tivoli cet été. Non, ils restent et veillent sur leurs trésors. S'ils en ont les moyens, ils feront la Floride en janvier prochain, peut-être, pour aller voir des jardins.

À la campagne, c'est différent. Le carré du potager a été découpé au motoculteur dans les meilleures terres proches de la maison, car, au petit matin, on ne veut pas marcher pendant des kilomètres en robe de chambre pour aller cueillir le persil et la ciboulette qui embaumeront le déjeuner. Avec les autres fines herbes et les radis, ils sont au premier plan. Derrière viennent les laitues, trois sortes s.v.p., les oignons, les échalotes, les poireaux, les betteraves, les carottes et les petits navets, les haricots jaunes et les verts, les gourganes, puis les petits pois et les tomates tuteurés. Choux, brocolis et choux-fleurs sont ensemble à un bout du potager et, au fond, le maïs, parti en dernier, dominera tout le reste en fin de course.

Concombres, courges, courgettes et citrouilles sont généralement ailleurs où leurs tiges se tortillent au sol pour en pomper la saveur des ratatouilles du mois d'août et des tartes de l'automne.

Il en manque? Bien sûr! il en manque toujours et le jardinier se promet bien que l'an prochain… Sauf que pour les poivrons, les aubergines et les pommes de terre, il est tellement plus simple d'aller les acheter.

— Oh! Hector. Quelques pommes de terre en grelots!

Mais il y a la surabondance aussi, notamment avec la courgette, si prolifique qu'il faudrait en manger le matin sur ses toasts avec son café, au lieu de fromage et de confiture.

— Qu'est-ce qui m'a pris d'en semer autant? Je m'en souviendrai le printemps prochain.

Mais il ne s'en souviendra pas et, le même jour, il recevra une carte postale de son ami Grégoire parti escalader le Gennargentu en Sardaigne.

— Pourquoi faire des potagers quand on peut aller voir, de haut, la Méditerranée caresser les rives de la Sardaigne?

Pourquoi? C'est l'écrivain français Henri Pourrat qui a la réponse dans son *Almanach des quatre saisons*. Chassé du paradis terrestre, l'homme n'a d'autre choix que de le reconstituer.

C'est une très grande aventure, d'où les ruées printanières chez les grainetiers et les pépiniéristes.

— Hector! Apporte-moi de l'oseille et des échalotes que j'en fasse un potage avec des croûtons. Maman vient de téléphoner et elle s'amène souper.

Août 1999

Chemins et sentiers

Question-surprise d'une dame au téléphone :
— Vous écrivez dans *Géo Plein Air*, le magazine québécois de l'aventure. Quels sont donc vos sports d'aventure ?
— Euh…

Lors d'une interview, le géographe Louis-Edmond Hamelin confiait qu'il n'avait pas eu besoin de Raoul Blanchard pour lui révéler que la géographie s'apprenait avec les pieds, mais qu'il avait été très ému d'entendre son vénéré maître le lui confirmer, lui qui avait découvert la chose dès sa plus tendre enfance.

Un autre de ses maîtres, Vilhjalmur Stefannson, arpentait l'Arctique à pied et découvrait des îles encore inconnues, Lougheed, Brock, Borden et Meighen, pile sur le 80e parallèle, confondues avec la banquise elle-même.

Et Jacques Rousseau, donc, botaniste et ethnologue, un de nos plus éminents savants, qui traversa à pied la Gaspésie et le Nouveau-Québec combien de fois, de la baie d'Hudson au Labrador ?

Nous ignorons combien de marcheurs anonymes consacrent une part importante de leur journée à cet exercice. L'un d'eux, qui a déjà été anonyme sous le nom de frère Untel, est Jean-Paul Desbiens, qui fait sa promenade d'un minimum de trente minutes tous les matins que le bon Dieu amène, quels que soient le temps et la température. Quand ces deux éléments sont plus conciliants, sa marche peut s'étirer selon le plaisir qu'il en retire. Et, dans sa «Lettre à un jeune frère», il a écrit : «Soyez le plus terrible marcheur que la terre ait jamais porté. La marche, c'est tout l'homme[1]».

Lanza del Vasto, le poète français d'origine sicilienne qui sillonna l'Inde à pied sur les traces de Gandhi, parlait de la marche comme d'un long, patient et paisible balancement du corps sur une jambe et puis sur l'autre. «Dignité de l'acte vertical uniquement humain qu'est la marche»[2]. Las! j'ai perdu la référence exacte.

De cet autre auteur, j'ai non seulement perdu la référence, mais également le nom. Il célébrait la marche, «ce mouvement pendulaire si nécessaire à l'équilibre psychologique, au mouvement des pensées».

Rien de plus vrai. Assis, l'homme se regarde plus ou moins en lui-même ou s'acharne sur un travail délicat qu'il exécute le plus souvent à la main, qu'il s'agisse d'un ouvrage à l'aiguille, d'une rédaction ou de la conduite d'un engin spatial. Debout et immobile, il domine le monde de sa petite hauteur sans intervenir dans le cours des choses, plus intéressé à s'approprier l'univers qu'à l'explorer pour ce qu'il est.

J'ai un ami qui marche pour se défoncer et je n'ai rien à redire là-dessus. Prendre la route, la forêt ou les champs est pour lui d'une grande banalité. Mais chausser des raquettes pour grimper l'Orford en plein

---

1. *Les Insolences du frère Untel,* Éditions de l'Homme, Montréal, 1960, p. 136.
2. Lanza del Vasto, *Principes et préceptes du retour à l'évidence,* 1945, p. 9.

hiver, voilà du sport à son goût. Comme la voile, d'ailleurs. Il ne fait pas de la voile pour aller quelque part mais bien pour tirer des bordées tout l'après-midi sur le lac des Deux-Montagnes.

Merci pour moi.

Je marche pour regarder, voir, découvrir, et aussi pour équilibrer le mouvement de mes pensées qui sont parfois bleu foncé. J'adore faire de la montagne, toujours selon ses pentes les plus douces et, si possible, avec la promesse d'un horizon de 360° au sommet. L'escalade et la varappe, surtout à mains nues, j'adore, mais seulement dans les livres.

Marcher sur la route, c'est souvent découvrir des inconnus charmants qui travaillent à leur potager, jouent au cerf-volant avec leurs enfants et sont heureux de s'interrompre pour vous dire où va la route, quels secrets vous réservent ses embranchements et ajouter que si vous continuez tout droit vous arrivez à Inverness, le plus beau village du monde.

À travers champs, à travers bois, les papillons, les oiseaux, les fleurs et les champignons sont les lieux communs les plus éculés de la randonnée, mais ils se renouvellent chaque année, ce que les marcheurs ne réussissent qu'en une génération.

Et le plaisir de suivre une rivière dans ses chutes, dans ses méandres, près d'un tourbillon où un pêcheur s'est statufié avec la patience d'un héron !

Euh… Madame ! Je disais donc que mes sports d'aventure sont la marche, la marche et la marche, où l'on fait mille découvertes, y compris, bien souvent, celle de soi-même.

Automne 1999

Deux mille mercis

Ne me dites surtout pas que vous ne chantez pas. Si oui, dites plutôt que vous ne chantez plus, car vous avez chanté déjà. Oui, quand l'hiver réunissait les familles dans la maison et les paroisses dans l'église, tout le monde chantait et le goût m'en revient infailliblement lorsque novembre épointe ses jours et que décembre étire ses nuits.

Moquez-vous et riez bien fort, mais il n'est pas un équinoxe, pas un solstice qui ne me fasse chanter avec Jean Ferrat :

Ah ! les saisons
Ah ! les saisons
Je ne me lasse pas
D'en rêver les odeurs
D'en vivre les couleurs
D'en trouver les raisons
Ah ! les saisons
Ah ! les saisons

Les saisons, je les attends, je les guette, je les mange, et voici justement l'hiver qui se profile à l'horizon du calendrier.

chante encore Ferrat, sans me dire si le verbe garde le singulier ou prend le pluriel, sans qu'on sache jamais qui, de l'hiver ou des doigts, s'allonge paresseusement dans la neige.

On peut en débattre longtemps, seul avec soi-même ou seul avec d'autres, tandis que la saison s'enroule autour de la maison, du chalet, de la tente…

Ah! les saisons. Nous en changerons le 22 décembre, neuf jours avant le changement de millésime, à deux heures quarante-quatre, donc en pleine nuit, mais, si les nuages sont polis et se retirent derrière les rideaux, il fera clair quasiment comme en plein jour, car Madame la Lune nous réserve tout un spectacle, son propre bogue de l'an 2000.

Oui, pour son ultime apparition cette année, la belle blonde d'en haut, plus potelée que jamais, sera d'une luminosité unique, s'étant rapprochée au plus près de la Terre pour faire coïncider sa plénitude avec le solstice. En lui tournant le dos, nous pourrons lire nos cartes de souhaits dehors, debout sur la galerie, lui dire merci et, du même coup, saluer l'hiver.

Tandis qu'elle poursuivra son envolée au-dessus des sapins, nous rentrerons sagement pour saluer le nôtre, celui que nous avons ravi à la forêt pour faire entrer la forêt dans la maison, afin d'abriter l'Enfant-Jésus dans sa crèche et les jolis paquets qui l'entourent.

Et c'est encore le temps de chanter!

Mon beau sapin, roi des forêts
Que j'aime ta verdure

J'avoue le préférer en allemand, chanté par le chœur cristallin des enfants de la cathédrale de Trèves :

O Tannenbaum ! O Tannenbaum !
Wie treu sind deine Blättern

Ainsi me reviennent les souvenirs de l'aimable Christel, ma professeure d'allemand, qui devait son prénom à sa date de naissance, le 25 décembre, et dont la gorge joliment moulée n'ajoutait rien de guttural à sa voix délicate.

Le sapin ne nous ramène pas qu'en enfance, encore qu'il rappelle inévitablement les courses à travers bois pour trouver l'exemplaire unique, digne de figurer dans le coin du salon.

Quand nous étions tout petits, il fallait patauger longtemps et péniblement dans la neige avant de repérer le beau d'entre les beaux, mais, à douze ans déjà, on ne s'y faisait plus prendre et l'élu était choisi durant les randonnées estivales consacrées à la cueillette des bleuets, des mûres ou des pommettes. Un chiffon noué autour du tronc, à une hauteur défiant les neiges, annonçait un rendez-vous pour décembre.

Un rendez-vous qui ne faisait jamais défaut, et le pauvre arbre passait les premiers jours de fête dans l'obscurité du sous-sol pour se déneiger, se dégeler et gonfler la maison de ses parfums avant de trôner, glorieux, dans l'éblouissement de ses boules et de ses glaçons.

À ces plaisirs envolés en ont succédé d'autres, comme celui de découvrir que le marchand de sapins s'est déguisé en père Noël cette année et qu'il agite une clochette pour attirer la marmaille. Ou comme celui d'apprendre que, la marmaille ayant grandi, on a partiellement congé de festivités, qu'on est reçu ailleurs et que la plus longue nuit de l'année se vivra dans l'intimité de l'autre moi, en chantant, bien sûr :

> *Ah ! les saisons*
> *Ah ! les saisons*
> *Je vais sans me lasser*
> *En guetter les rumeurs*
> *En voler les ardeurs*
> *En vivre à tes côtés*
> *Ah ! les saisons*
> *Ah ! les saisons*

Hiver 1999

Le jour de la marmotte

Elle dort dans son trou.

— Oui, je dors dans mon trou. Et après ?

Elle se réveillera peut-être le 2 février pour tâter l'hiver du bout de son nez. Si le temps est doux et gris, elle mâchouillera peut-être quelques bourgeons dans la haie sous laquelle sont établis ses quartiers d'hiver. Voilà donc que le printemps sera hâtif.

Mais si le soleil brille, elle verra son ombre marcher auprès d'elle sur la neige, chose qu'elle ne voit jamais l'été, et, prenant peur, elle se précipitera dans son trou pour gagner sa chambre, au bout d'un réseau souterrain très élaboré. Dès lors, le printemps sera tardif.

— Sottises que tout cela. Dites, les humains, n'êtes-vous pas légèrement timbrés de vous regrouper tous les ans à même date autour de mon terrier ? Vous croyez bêtement que je vais me montrer le nez dehors, que je vais me prélasser ou mourir de peur pour offrir des prévisions météorologiques à vos petites natures ?

« Oui, sottises ! Il est vrai qu'à l'occasion d'un redoux hivernal, et il y en a toujours quelques-uns, les mâles, surtout, aiment sortir un moment pour s'aérer l'instinct, mais ils ont tôt fait de réintégrer leurs

quartiers et de sombrer de nouveau dans la bien-
heureuse léthargie qui les fait rêver au printemps, à
des champs de tendre avoine, à des carrés de laitues
ou de choux et à moi peut-être.

« Car moi, je ne sors presque jamais l'hiver. Je
garde mes rejetons, ou ce sont eux qui me gardent, et
le bonhomme dort tout seul ailleurs, je ne sais où. S'il
me désire, il saura bien me retrouver au printemps,
et s'il ne me désire pas, il y en a d'autres, des tas
d'autres, malgré le zèle des fermiers exaspérés qui nous
maudissent à coups de fusil.

« Vous connaissez bien ma dernière demeure
estivale, un trou et un remblai près de la clôture qui
sépare le champ d'avoine du pacage sur la terre de
Chrysologue Tremblay, dans les hauteurs de Saint-
Irénée, et c'est là que vous m'attendez pour vos sottes
prédictions ? Bravo ! Souffrez simplement que je sois
ailleurs, dans mes quartiers d'hiver que vous ne
trouverez jamais, bien au chaud, bien au sec à plus
d'un mètre sous les racines d'un frêne, à l'orée de la
forêt. Quant aux quartiers d'été, j'en change de saison
en saison depuis la fois où je suis revenue chez moi
seulement pour y trouver une sale moufette. Une cou-
sine, pas plus chanceuse, y avait trouvé un spaghetti
de couleuvres.

« Laissez-moi maintenant vous raconter une histoire qui démontre à quel point vous pouvez être
conards.

« Chez Chrysologue, ma demeure était à peine à
cent mètres du Domaine Forget où le camp musical
rassemble chaque été des musiciens venus de partout
dans le monde. Je le sais, car on les entend de loin et,

de plus, je les entendais bavarder quand ils passaient près de chez moi au cours de leurs promenades.

« Or, ils n'ont pas tardé à me découvrir eux aussi, et par un midi ruisselant de soleil, alors que, sur le remblai de ma maison, je sifflotais pour mes bébés, le nez tout juste sorti de l'entrée, ne voilà-t-il pas que je vois arriver une troupe de musiciens avec des flûtes, des fifres, des cors, des trompettes et même un violon. À n'en pas douter, ils s'en venaient directement chez moi et toute la famille se réfugia sous terre, sauf que je restai dans le vestibule pour ne rien perdre de la manifestation.

« J'étais parfaitement ébaubie. Ils firent cercle autour de ma maison, jouèrent de leurs instruments tous à la fois dans une indescriptible cacophonie et l'un d'eux se mit à chanter :

> *J'ai traversé bien des pays*
> *Avecque la marmotte*
> *Je me suis toujours bien nourri*
> *Avecque la marmotte*
> *Avecque ci avecque là)*
> *Avecque la marmotte)* bis

« Vous connaissez ? C'est de Johann Wolfgang von Goethe, l'auteur de *Faust*, un de vos grands semble-t-il, et ce fut mis en musique par un certain Ludwig van Beethoven qui, si j'en crois les conversations, n'était pas, non plus, le dernier des « creuseurs » de terriers.

« J'ai trouvé la chose à la fois insignifiante et merveilleuse. Insignifiante parce que vos grands n'ont

pas grand-chose à faire pour inventer pareilles sor-
nettes. Merveilleuse parce que, à tout prendre, je
préfère cette musique à celle du fusil de Chrysologue. »

2 février 2000,
en ce jour
de la marmotte.